甲子園球場100年史

Kudo Ryuichi
工藤隆一

KAWADE夢新書

歴史と伝統を紡(つむ)いできた「野球の聖地」100年の軌跡◉はじめに

2023(令和5)年のプロ野球日本シリーズは、阪神タイガースがオリックス・バファローズを4勝3敗で退け、1985(昭和60)年以来38年ぶりの日本一に輝いた。

このシリーズ、テレビを観ているだけでも伝わってきたのが、阪神ファンの熱狂的ともいえる応援である。とくに「甲子園」(正式名称・阪神甲子園球場)で行なわれた3、4、5戦のすさまじさは「地鳴りのような」とメディアの手垢(てあか)のついた表現では言い尽くせない「凄さ」を感じさせるものだった。

2022(令和4)年の日本シリーズでの東京ヤクルト・スワローズの神宮球場(正式名称・明治神宮野球場)は、こうではなかった。東京的というか、予定調和的な節度のなかでの熱狂だったような気がする。

なぜ阪神ファンは、いや大阪の野球愛好者はこのように熱狂するのだろうか。その答えを求めようとすると、どうしても行き着いてしまうのが、100年以上前に大阪(正確には兵庫県だが)で始まった中等野球(正式名称・全国中等学校優勝野球大会と選抜中等学校野球大会)と、その主たる開催場所だった「甲子園」なのである。

一般的に、建前の東京に対しての本音の大阪。官の東京に対して民の大阪、エリートの東京に対しての庶民の大阪という「構図」がある。じつは「甲子園」は、このような大阪ならではの野球の「空気感」を100年のあいだ、根本的な部分をけっして変えることなく守り続けて、今日まで伝えてくれている〝モニュメント〟のような存在なのかもしれない。

ふと立ちどまって考えると、「甲子園」はいまや一風変わった野球場になってしまった。気が付けばプロ野球12球団のフランチャイズ球場のうち6球場が屋根付きのドームになり、8球場は内外野ともに人工芝が敷き詰められている。1980年代ごろまでは、内野が芝（人工芝）で緑色になっていた球場は皆無といっていいほどだったのに（東京ドームは1988〈昭和63〉年竣工）、現在では11のフランチャイズ球場が、内野も芝で覆われている。

しかし、そのなかでたった1つだけ、球場全体を覆う屋根もなく、内野は黒々とした剝き出しの土、外野の芝は天然という「昭和」を色濃く残している野球場——それが「甲子園」だ。

1924（大正13）年8月1日に開場したこの兵庫県西宮市に位置する野球場は、2024（令和6）年に100年目を迎える。

日本のプロ野球チームのフランチャイズ球場が年々「ボールパーク」化されていくなかで、この「甲子園」だけは開設当時の面影をいまだに残している。濃緑色の蔦（もちろん天然）が絡まる古色蒼然（こしょくそうぜん）とした正面の入り口。通路を抜けてひとたびグラウンドの全貌が現れると、目に飛びこんでくる鮮やかな外野の緑の芝生、さらにこれも美しくて品のある黒い土の内野。

そして、バックスクリーンの後方にそびえ立つ真っ黒いスコアボードの真ん中には、ひときわ高く、シンプルな純白の文字盤の時計が掲げられている。

最近のプロ野球ではとんとお目にかかれなくなってしまった「ニッポンの野球場」が、大げさにいえば、100年の歳月を経て、まだまだ健在であることを強烈にアピールしているようで、妙に心が落ち着くのだ。

「甲子園」は100年の時空を超え、変化しているようでじつは根本的には変わっていないのかもしれない。だからこそ、この「舞台」に刻まれてきた数々の歴史に残るシーンも、プロ野球、高校野球を問わず、私たちの脳裏（のうり）に強烈に焼き付いているのではないだろうか。

100年の「時」がこの大阪の地でどのように動き、どのように人々の記憶を形づくってきたのかを、切りのいい100年目を機に振り返ってみるのも悪くないはずだ。

きっと、そこには損得や効率とは無縁の、日本ならではの、かけがえのない「何か」が通底しているのかもしれない。だとしたら、あらためてじっくり見つめ直してみる価値は十分にあると思う。

工藤隆一

甲子園球場100年史／もくじ

阪神甲子園球場MAP　10

1章——◉1872年〜1923年
阪神甲子園球場、誕生の前夜

アメリカから野球伝来。熱気は全国へ　12
阪神と阪急、熾烈なライバル関係に　17
第1回全国中等学校優勝野球大会の開催　22
阪神vs阪急の攻防が野球場建設に飛び火　26
観客なだれこみ事件が「甲子園球場」を生んだ　30

2章——◉1924年
不断の努力で、大運動場が落成

広大な埋め立て地で進む「巨大野球場」建設計画　36

たった1枚の図面をもとに若い技術者が奮闘 40
工期4か月半。綱渡りの大工事が始まった 46
すべてにおいて斬新だった総合大運動場 50
甲子園のシンボル「大鉄傘と蔦」も誕生 55

3章——夏の甲子園、熱闘の幕が上がる

◉1924年〜1936年

甲子園で中等野球の熱戦がスタート 62
関西私鉄の集客競争に勝利した阪神電鉄 66
阪神が展開したスポーツとレジャーの一大殿堂 70
観客席の増設で「アルプススタンド」登場 74
ラジオ中継が中等野球人気に拍車をかけた 79
プロ野球球団「大阪タイガース」誕生 84

4章 ◉1936年〜1950年

戦禍に耐え、復興へと歩みだす

隆盛するスポーツの陰で戦雲が近づく 90
戦意高揚に利用された中等野球 95
幻の甲子園大会と最後の職業野球試合 98
戦火のさなか、甲子園球場も軍用エリアに 101
戦後の復興とともに中等野球大会が復活 105

5章 ◉1951年〜1964年

経済は成長し、野球人気も沸騰

復興の象徴、プロ野球オールスターゲーム開催 112
大鉄傘撤去から7年…「銀傘」として復活 116
テレビ中継が開始され、高校野球人気は絶大なものに 119
ナイトゲームを彩った〝カクテル光線〟 124

巨人が主役の時代、脇役・阪神も奮闘した 130
時代とともに姿を変えたフェンス広告 136

6章——幾多の伝説を生んだグラウンド
◉1965年〜1985年
漫画のようなヒーローが高校野球に出現した 144
〝事件〟が頻発した阪神の1970年代 150
伝説のシーンを生んだ「甲子園の浜風」とは 155
美しいグラウンドの基本は「芝生と土」から 161
タイガースのどん底時代と高校野球全盛時代 166

7章——幻と消えた「ドーム化」計画
◉1986年〜2006年
センバツ開催が大震災の被災地を励ました 172
〝甲子園ドーム〟計画の顚末とは 176

阪神タイガース、ついに復活す！ 180
阪神園芸の整備は、なぜ〝神〟と讃えられるのか？ 186
初のパ・リーグ主催試合で東北楽天が見せた底力 191

8章——大改修され、次の100年へ

◉2007年～2024年

平成の大リニューアルのコンセプトとは 194
スコアボードはどう進化したのか？ 198
全国の高校が協力した、蔦の「里帰り作戦」とは 203
いつの時代も、阪神電鉄は「顧客本位」が原点 207
甲子園エリアを歩いてみると…… 212
甲子園は時空を超越した特別な存在だ 217

甲子園球場こぼれ話 59／110／141

装幀◉こやまたかこ
図版作成◉原田弘和

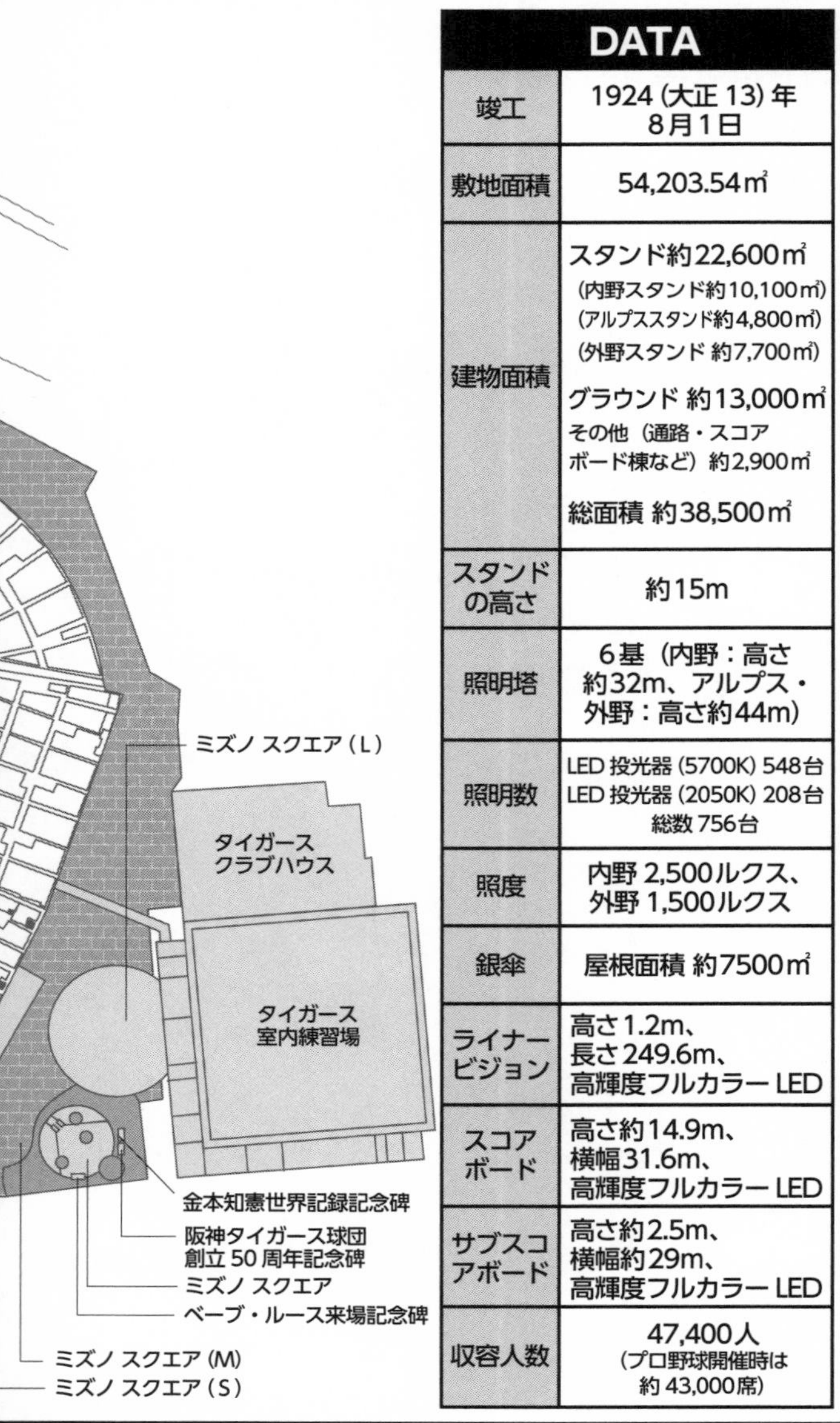

DATA	
竣工	1924（大正13）年 8月1日
敷地面積	54,203.54㎡
建物面積	スタンド約22,600㎡ （内野スタンド約10,100㎡） （アルプススタンド約4,800㎡） （外野スタンド 約7,700㎡） グラウンド 約13,000㎡ その他（通路・スコアボード棟など）約2,900㎡ 総面積 約38,500㎡
スタンドの高さ	約15m
照明塔	6基（内野：高さ約32m、アルプス・外野：高さ約44m）
照明数	LED投光器（5700K）548台 LED投光器（2050K）208台 総数756台
照度	内野 2,500ルクス、 外野 1,500ルクス
銀傘	屋根面積 約7500㎡
ライナービジョン	高さ1.2m、 長さ249.6m、 高輝度フルカラーLED
スコアボード	高さ約14.9m、 横幅31.6m、 高輝度フルカラーLED
サブスコアボード	高さ約2.5m、 横幅約29m、 高輝度フルカラーLED
収容人数	47,400人 （プロ野球開催時は約43,000席）

阪神甲子園球場 MAP

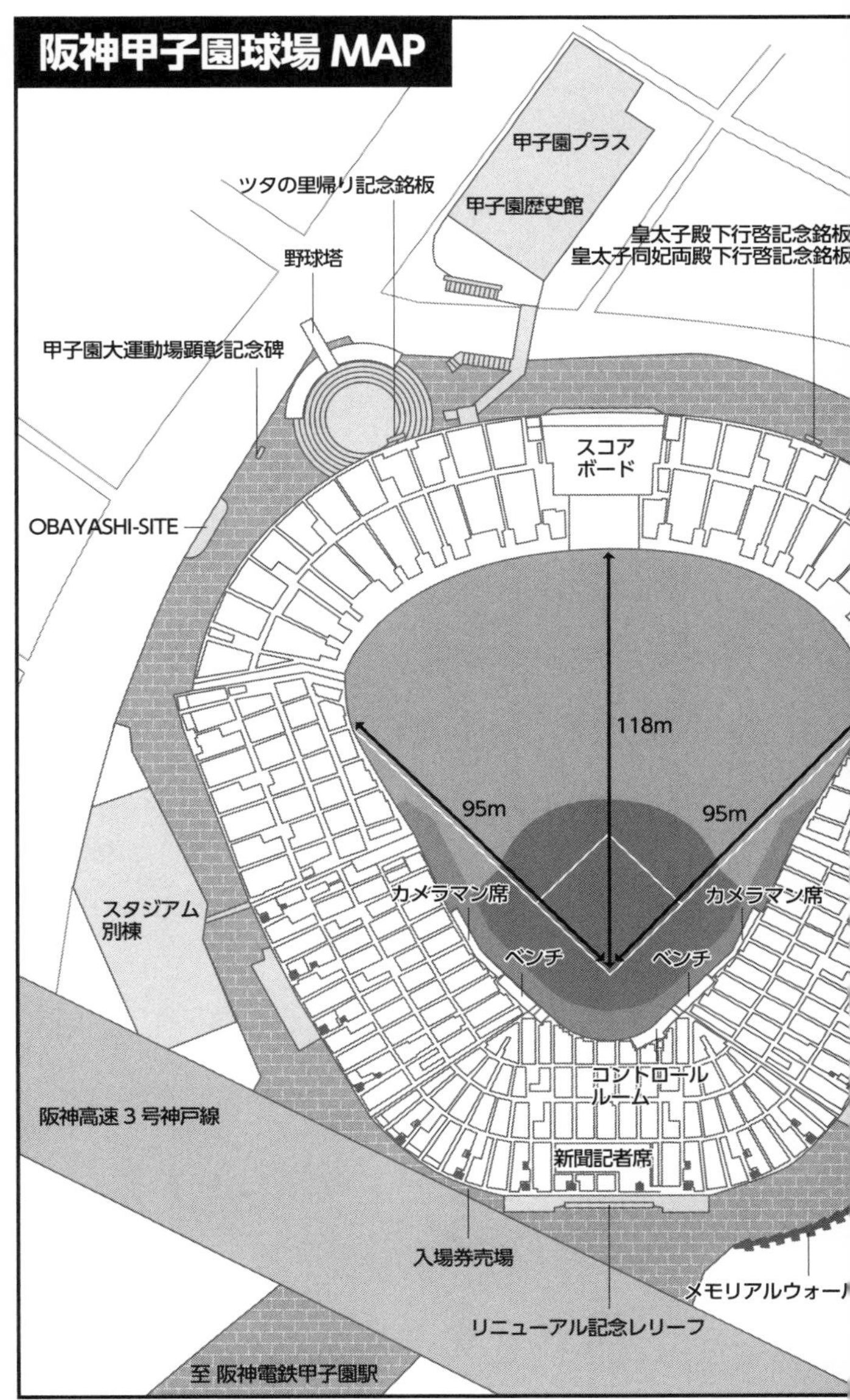

甲子園プラス
ツタの里帰り記念銘板
甲子園歴史館
皇太子殿下行啓記念銘板
皇太子同妃両殿下行啓記念銘板
野球塔
甲子園大運動場顕彰記念碑
スコア
ボード
OBAYASHI-SITE
118m
95m
95m
スタジアム
別棟
カメラマン席
カメラマン席
ベンチ
ベンチ
コントロール
ルーム
阪神高速 3 号神戸線
新聞記者席
入場券売場
メモリアルウォー
リニューアル記念レリーフ
至 阪神電鉄甲子園駅

1章——阪神甲子園球場、誕生の前夜

◉1872年〜1923年

アメリカから野球伝来。熱気は全国へ

◉日本に伝わった「ベースボール」は、いつ「野球」になった？

野球が日本で初めて行なわれたのは、元号が慶応から明治に変わった1868年（旧暦9月8日、現在の暦（こよみ）では10月23日）からわずか4年後の1872（明治5）年のことだといわれている。当時の第一大学区第一番中学校（その後「開成学校」を経て東京大学の一部となる）にお雇い外国人として赴任してきたアメリカ人教師ホーレス・ウィルソン（1）が、生徒に「ベースボール」を教えたという記録が残っている。

さらに1年後の1873（明治6）年には、北海道の開拓使仮学校（その後「札幌農学校」を経て北海道大学の一部となる）の、これもお雇い外国人だったアメリカ人教師アルバート・G・ベーツが、赴任時にバットとボールを持参。学校の生徒に「ベースボール」を伝授しただけで

なく、試合も行なったといわれている。

このアメリカから伝わった「ベースボール」は、どうやら当時の日本人にいたく気に入られたようだ。不平等条約改正を目的として欧米12か国を歴訪した岩倉使節団(2)の通訳として活躍した、留学生で元幕臣の平岡凞（ひらおかひろし）もことのほかこの競技を気に入り、1876（明治9）年に帰国して鉄道局新橋工場に勤務すると、さっそく「新橋倶楽部」（通称・アスレチックス）というチームを結成した。メンバーは新橋工場の工員や学生だった。

このように、アメリカから輸入された「ベースボール」は日本のエリート層を中心にじわじわと普及していく。中心となったのは東京第一高等中学校（その後、第一高等学校を経て東京帝国大学の予科に）。1887（明治20）年に入学し、二塁手として活躍した中馬庚（ちゅうまかのえ）(3)が執筆し、1894（明治27）年に出版された『ベースボール部史』のなかで、初めて「ベースボール」が「野球」と和訳されたのだった。

ちなみに俳人の正岡子規（まさおかしき）(4)が「野球」と訳したというのは俗説で、子規が好んでいた「ベー

(1)ホーレス・ウィルソン…1843〜1927。アメリカ・メーン州出身。2003（平成15）年に、日本に野球を伝えた功績により野球殿堂入りしている。

(2)岩倉使節団…1871（明治4）年から1年10か月をかけて欧米12か国を回った、岩倉具視を全権特命大使とする総勢107名の使節団。

(3)中馬庚…1870〜1932。鹿児島県出身。日本の教育者で元野球選手。「野球」のほか、ショートストップを「遊撃」と和訳した。

スボール」から、幼名の「升（のぼる）」を「野（の）球（ボール）」とする雅号を思いつき、1890（明治23）年から使っていたことに由来している。

中馬はその後、東京帝国大学に進むと、コーチ、監督として後進を育成した。卒業後も教育者として鹿児島、新潟、秋田、徳島などの旧制中学の校長を歴任。中馬の積極的な普及活動のおかげで、明治20〜30年代にかけ、野球は全国に少しずつではあるが、確実に広がっていく。

東京・文京区の東京ドーム内、野球殿堂博物館の一角にある「殿堂ホール」には、1970（昭和45）年に殿堂入りした中馬のレリーフが展示されている。そこに刻まれた顕彰文は「明治草創時代の学生野球の育ての親といわれた」の文言で締めくくられている。

◉エリート階層の少年たちが「野球熱」を全国に広めた

草創期の野球は、旧制の第一高等学校（現在の東京大学及び千葉大学医学部、薬学部）が中心で、まさに「一高時代」だった。これに対抗したのが私学の慶應義塾。さらに慶應義塾に挑戦したのが東京専門学校（後の早稲田大学）となり、早慶戦から「東京六大学」が結成され、東京での野球熱は大学を中心に広がっていったのである。

大学や専門学校、師範学校で野球の面白さを知った選手たちは、卒業するとそれぞれの故郷に帰り、地方都市でのエリートとして活躍する。当時の地域社会でのエリートとして住民に尊敬されていたのが中等学校の教師だったことは、夏目漱石の小説『坊っちゃん』に描(えが)かれている。坊っちゃん、つまり夏目漱石が赴任したのが四国・松山の旧制松山中学（現・松山東高校）だったように、である。

旧制中学校は現在の中学2年〜高校3年までの5年制で、中途入学も認められていた。中学といっても、当時は義務教育ではなかったので、進学率は20パーセント程度。比較的アッパークラスの家の子弟が通う上級学校だったことも、用具などの出費がばかにならない野球が発展した一因だったのかもしれない。

このように、地方のエリート階級の少年たちのあいだから野球はじわじわと広がっていったのである。野球が面白くなると、どうしても試合をしてみたくなる。そして、地方の中学（実業学校も含む）同士での対校戦が組まれるようになり、勝った負けたと、学校関係者のみならず、地元の人たちも一喜一憂(いっきいちゆう)するようになったのは当然の成り行きだった。

◉新聞拡販とともに鉄道の建設競争も激化

このような世の中の状況を敏感に察知したのが、当時熾烈(しれつ)な販売競争をくり広げていた新聞

（4）正岡子規…1867〜1902。愛媛県出身。俳人、歌人。幼名を処之助（ところのすけ）といい、後に升（のぼる）と改名。

業界だった。具体的なエリアは、大阪を中心とした関西。新聞は「朝日」と「毎日」だった。

現在は両紙とも東京のイメージが強いが、朝日新聞は1879（明治12）年に大阪で第1号が発行された。東京に進出するのは1888（明治21）年で「めざまし新聞」[5]を買収して「東京朝日新聞」としたのがスタート。このとき、大阪で発行していた朝日新聞は「大阪朝日新聞」となったのである。

全国三大紙のなかでもっとも古い歴史を持つ1872（明治5）年創刊の毎日新聞も、1888年に「大阪毎日新聞」と改題。東西が合併するのは1911（明治44）年まで待たなければならなかった。このように、人口が集中する関西、とりわけ阪神間は、折からの阪神工業地帯の発展もあって、関西の新聞社にとっては絶対に見逃してはいけない「草刈り場」だったのである。

そして、新聞拡販の熾烈な競争と同時代に、しのぎを削っていたビジネスが鉄道だった。大阪、京都、神戸と人口の多い大都市住民の、江戸時代から続く神社仏閣への参詣需要に端を発した民間鉄道の競争である。

とりわけ、大阪―神戸間は人口の密集地帯だったので、ここに目を付けた阪神電鉄は日本で初めての都市間鉄道を開設。後に阪急（阪神急行電鉄）の名称になった箕面有馬電気軌道と抜きつ抜かれつの競争を展開するのである。

阪神と阪急、熾烈なライバル関係に

◉鉄道開通が庶民のレジャー志向を後押しした

関西での野球の隆盛は、鉄道との関係を無視しては語れないほど密接に結びついている。明治の末から大正にかけては、民間の電気鉄道（軌道）があいついで開業した時期でもあった。

具体的には、1903（明治36）年に「南海鉄道」が大阪・難波―和歌山市間を全通させ、1905（明治38）年には「阪神電気鉄道」が大阪・出入橋（でいりばし）―神戸・三宮間の営業を開始。5年後の1910（明治43）年には、現在の阪急の前身である「箕面有馬電気軌道」が梅田―宝塚間で開業する。

同じく1910年には「京阪電気鉄道」が大阪・天満橋（てんまばし）―京都・五条間を開業し、1914（大正3）年には近畿日本鉄道の前身である「大阪電気軌道」が生駒（いこま）トンネルを通して大阪・上本町（うえほんまち）―奈良間で運転を開始している。考えてみると現在の関西の大手私鉄は、この時期に挙（こぞ）って設立され、営業を開始しているのだ。

このような開業ラッシュは、日露戦争(6)に勝利した高揚感もさることながら、1914年から始まる第一次世界大戦を前にした好景気が引き金になっていた。空前の投機ブームで「鉄道

(5)めざまし新聞…1884（明治17）年に「自由燈」として創刊した東京の新聞社。

株なら何でも儲かる」という空気が、とくに関西財界を席巻していたのである。

ちなみに、この南海、阪神、阪急、京阪、近鉄の関西私鉄5社のうち、京阪を除く4社が、その後にプロ野球の球団を持つことになる[7]。

これらの私鉄は、同時期に開業した神戸市電や兵庫電気軌道（現・山陽電気鉄道）も含め、いずれも京都、大阪、神戸、奈良、和歌山などの関西を代表する大都市を結ぶか、あるいは大都市内での路線だった。

さらに阪急の前身である「箕面有馬電気軌道」の社名が物語っているように、郊外の観光地（有馬温泉）への乗客の誘致も大きな目的の1つだった。つまり、この時期から徐々に一般化してきた庶民の娯楽やレジャー需要を鉄道が後押ししたのである。

◉沿線の開発で阪神の先を行った阪急

阪神間の人口密集エリアに鉄道を敷設し、ビジネスを展開しようと目論んだのは、初代の日本銀行大阪支店長を経てアサヒビールなどの創業にかかわった、実業家であり、阪神電鉄の初代社長を務めた外山脩造[8]を中心とするグループだった。

阪神間の鉄道はすでに官制鉄道の東海道本線（現・JR西日本の神戸線）が通っている。当時鉄道の許認可権を持っていた逓信省[9]は、過当競争防止の見地から当然、設立に難色を示すと思われていた。

そこで阪神は、路線の一部（具体的には神戸市内と御影付近）を「軌道」と〝併用〟することで「鉄道」ではなく「軌道」として申請したのである。「軌道」とは路面電車のこと。「軌道」の許認可権は、逓信省ではなく内務省[10]が握っていたので、阪神は「たとえ一部であっても軌道が存在するのだから、これは鉄道ではなく軌道である」という、法の抜け穴を突く〝奇策〟で許可を勝ちとり、あっという間に開業に漕ぎつけてしまったのだった。

なんとも寛容な時代だったといえばそれまでだが、もしこの〝奇策〟が通じていなければ、阪神電鉄はもちろん、甲子園球場も存在していなかっただろう。

鉄道会社のビジネスは、線路を敷いて電車を走らせればそれで終わりというわけにはいかない。線路の上を走る電車に、いかに多くの乗客を乗せるかが最大のテーマだった。重要なのは

(6)日露戦争…1904（明治37）年2月から翌1905（明治38）年9月まで、日本とロシアのあいだで戦われた戦争。日本が勝利。
(7)プロ野球球団…南海ホークス、阪神タイガース、阪急ブレーブス、近鉄パールス（後にバファローズ）。
(8)外山脩造…1842〜1916。新潟県出身。明治期の衆議院議員で実業家。
(9)逓信省…1885（明治18）年に設置された中央官庁。当初は郵便、電信等に関する行政を管轄。後に航空、鉄道に至るまで守備範囲を広げる。
(10)内務省…1873（明治6）年に設置された、内務行政全般を管轄する中央官庁。警察から土木、衛生など広範囲に行政を司った。

沿線の開発なのである。

このような、鉄道会社が自社の沿線の開発を行なうことによって収入を増やしていくビジネスモデルを開発したのは、阪急の専務を務めた小林一三(11)だといわれている。沿線に住宅の分譲地を開発して、当時増え始めていた会社勤めの給与生活者（サラリーマン）の持ち家願望を可能にしたり、宝塚に代表されるように沿線に行楽地や娯楽施設を整えたり、ターミナルでデパートを開業したのも小林のアイデアだったといわれている。

同時に小林は、大正モダニズムの象徴の1つであるスポーツに目を付けた。観客席を整備したグラウンドをつくり、そこで展開される運動選手たちの競技を見せれば、多くの観客が阪急電車に乗ってきてくれるはずだと考えたのである。

事実、1910（明治43）年に阪神電鉄が夙川の南西エリアに造成した遊園地「香櫨園」(12)内にある野球場で行なわれた、早稲田大学対アメリカのシカゴ大学との3日間の試合は、無料だったこともあって多くの観客が押し寄せたのだった。

1913（大正2）年、箕面有馬電気軌道は開業して3年目に入った宝塚線の豊中に運動場を建設した。ここで野球の大会を開催すれば大勢の観客が詰めかけるだろうという目論見をさっそく行動に移したのである。

当時の豊中は綿畑や雑木林が広がる「原野」だった。そのなかに突然「東洋一」を称する大グラウンドが出現したのである。広さは2万平方メートル。野球のほかにラグビーやサッカーなどのフィールドとしても利用でき、1周400メートルのトラックを備えた陸上競技場も併設されていた。

小林の目論見は見事に当たった。現在の「夏の甲子園大会」につながる1915（大正4）年の「第1回全国中等学校優勝野球大会」が開催されたのは、この箕面有馬電気軌道（1918〈大正7〉年に阪神急行電気鉄道、通称・阪急に改称）が建設した豊中球場だったのである。

ちなみに東京で早稲田、慶應義塾、明治の三大学野球リーグが結成されたのは、「中等野球」が豊中球場で始まった前年の1914（大正3）年。後に発展して東京六大学となり、その聖地となる「明治神宮野球場」（通称・神宮球場）が明治神宮外苑に完成するのは、1926（大正15）年まで待たなければならなかった。

東京の野球熱の中心となった東京六大学よりも10年あまり前に、すでに関西では「中等野球」を中心に野球熱が盛り上がっていたのである。

(11)小林一三…1873～1957。山梨県出身。阪急電鉄をはじめとする阪急・東宝グループの創業者。鉄道を中心とした都市開発、流通事業、観光事業などを総合的に進める経営モデルを独自につくりあげた。

(12)香櫨園…大阪・船場の商人であった香野茂治と櫨山（はぜやま）喜一が、夙川西岸に2人の名前の1文字ずつを付けて開設した、当時関西最大の遊園地。1907（明治40）年開園、1913（大正2）年閉鎖。

第1回全国中等学校優勝野球大会の開催

◉スポンサーとなった大阪朝日新聞の思惑とは

第1回の「全国中等学校優勝野球大会」は73校が予選に参加、全国大会には10校が進出して、1915（大正4）年8月18日から23日まで豊中球場で開催された。このとき羽織袴姿で始球式を行なったのは大阪朝日新聞社の村山龍平社長だった。

第1回大会の優勝校は京都二中（現・府立鳥羽高校）。準優勝は秋田中学（現・県立秋田高校）で、試合は延長13回、地元関西の京都二中が2対1のサヨナラ勝ちを収めたこともあって大いに盛り上がり、大成功のうちに幕を閉じた。

「中等野球」は翌1916（大正5）年の第2回大会も同じ豊中球場で開催され、参加校115、全国大会には12校が出場とスケールアップ。しかし、敗者復活戦が設けられていたため、1回戦で負けてもそのまま帰るわけにはいかず、滞在が長くなる選手たちの宿泊費などをどう工面するか等々の問題が出てきて、結局、翌年の第3回大会からは、複数の会場で開催されることに決まった。

さて、この「全国中等学校優勝野球大会」を運営するのは「全国中等学校野球連盟」（現在の公益財団法人全国高等学校野球連盟＝略称・高野連）なのだが、じつは、第1回大会の開催が決定してから急遽(きゅうきょ)つくられた法人だった。

一般的なスポーツ大会は、当該の連盟なり協会が先にあって、新聞などのメディアはそれに協力するかたちになるのだが、この「中等野球」はすべて大阪朝日新聞がお膳立てを行なった、新聞社が主導する大会だった。「連盟」は後からつくられたのである。

豊中球場跡地に整備された
「高校野球発祥の地記念公園」（写真：Miya.m）

では、なぜ大阪朝日新聞は、この中等学校の全国野球大会の開催にこれほど積極的にかかわったのだろうか。第1回大会の開催にあたり、当時の大阪朝日新聞は「社説」で、野球について次のように書いている。

「攻防の備え整然として一糸乱れず。腕力(わんりょく)、脚力(きゃくりょく)の全運動に加うるに、作戦計画に知能を絞り、間一髪の機知を要するとともに、最も慎重な警戒を要し、而(しか)も加うるに協力的努力を養いしむるは、吾人(ごじん)ベースボールをもってその最たるものと為す」――。

簡単に説明すると「野球は攻守がはっきりしていて、プレーは整然とし、腕力、脚力を使う全身運動である。同時に作戦が重要で知恵を絞らなければならない。プレーは一瞬の判断が大切で、さらに慎重さも要求される。全体のチームワークが養われる点でも、我々は（このようにすばらしい要素を持つ）、ベースボール（野球）は最適な競技と位置づけている」というわけである。

たしかにその通りなのかもしれない。しかし、大阪朝日新聞の「本音」はこのような教育者然とした、上から目線の説教じみた野球礼賛（らいさん）などではなかった。もちろん、野球というスポーツを普及させるためでも、青少年の心身を鍛えようとするためでもない。「きれいごと」では、なるほどその通りなのだが、目的ははっきりいうと「大阪朝日新聞の発行部数の拡販」にあったのである。

一般大衆に人気がある「中等野球」は、ライバル紙の大阪毎日新聞、大阪時事新報との拡販競争で優位に立つための極め付きの〝武器〟だったのだ。「朝日は青少年の健全な育成に寄与している」は、言い過ぎかもしれないが、一面では建前に過ぎなかったのである。

後にライバル紙の読売が、これも新聞の拡販のために職業野球（プロ野球）をバックアップしても、朝日新聞が頑（かたく）なに中等野球（高校野球）に固執（こしつ）したのは、このようなビジネス上の背景が存在したからなのである。

◉阪急から中等野球を奪いとった阪神

さて、話は阪神と阪急（箕面有馬電気軌道）に戻る。中等野球を阪急に持っていかれた阪神は「香櫨園」という野球場を有するレジャーセンターを持っていた。前述したように、ここでは早稲田大とアメリカのシカゴ大が試合を行ない、相当数の入場者を記録している。しかし、開園後わずか2年で外国人が経営する土地会社の手に渡ってしまい、１９１３（大正２）年に廃園を余儀なくされてしまった。

そこで阪神は「香櫨園」に代わる運動施設として、兵庫県武庫郡鳴尾村（現・西宮市鳴尾町ほか）にあった競馬場に目を付けた。当時の阪神電鉄が、中等野球の隆盛を見越したビジネス・センスを持っていたのかどうかは定かではないが、鳴尾競馬場のなかにつくられた総合運動場は、陸上競技場、プール、テニスコートを備え、野球場は2面が配置されていた。阪急の豊中に代わって、大阪朝日新聞が、懸案だった「滞在費のかからない」鳴尾球場を中等野球の会場に選ぶのは必然の成り行きだった。

というわけで、「全国中等学校優勝野球大会」は、第3回から会場を鳴尾球場へと移転したのである。阪神は「中等野球」という〝ドル箱〟を阪急からものの見事に奪いとってしまったのだ。

ちなみに阪急の豊中球場は１９２２（大正11）年に閉鎖されてしまう。その最大の理由は豊中駅が大阪・梅田と宝塚の中間に位置するため、ビッグイベント時に大量の乗客をさばき切れなくなる危険性が生じたからだといわれている。

当時の私鉄の能力では、複雑なダイヤ編成や車両の増結、ホームの数と長さなど、解決できない問題が数多く存在した。しかし、阪急はこのまま簡単には引きさがらなかったのだから、関西の私鉄の攻防はなかなか面白い。

阪神VS阪急の攻防が野球場建設に飛び火

◉開催地の移動で、ゆとりある大会運営が実現

当時の鳴尾球場の俯瞰(ふかん)写真を見ると、この場所がかつて何であったのかが一目瞭然(いちもくりょうぜん)だ。外周の直線コースがとても長い楕円形(だえんけい)の競争路のなかに野球のグラウンド2面がすっぽり収まっていて、その余った部分に申し訳程度にテニスコートが配置されている。まさに、ここは競馬場のなかにつくられた野球場だったのである。

「鳴尾競馬場」は、1916（大正5）年に阪神電鉄が「阪神競馬倶楽部」から経営を任され、そこを運動競技用のグラウンドとして少しだけ改造したものだった。それでも阪急の豊中球場よりは広かったので、大阪朝日新聞は、この阪神電鉄が提供した新しい会場での「全国中等学校優勝野球大会」開催をすぐに決めたのである。

会場を変更した最大の理由は、球場の広さもさることながら、野球のグラウンドが2面配置されている点だった。前述したように第2回大会は12校が参加して13試合が行なわれたが、敗者復活戦が組まれていたので、当該校（福岡・中学明善＝現・県立明善高校と鳥取中＝現・県立鳥取西高校）から「滞在費用がかさんでしまう」との苦情が出たといわれている。

敗者復活戦は翌第3回大会も実施され、このときは出場12校のうち前回よりも多い4校が敗者復活戦に回った。ちなみに1回戦で長野師範（現・信州大学教育学部の一部）に3対4で惜敗（せきはい）した愛知一中（現・県立旭丘高校）が決勝まで進出し、降雨ノーゲームの後の再試合で、関西学院中を1対0で下して優勝している。

このようなゆとりのある試合を運営できたのも、グラウンドを2面確保できたからで、大阪朝日新聞としては、これで最大の懸案事項が解決されたのだった。

競馬場内に設けられた「鳴尾球場」

◉阪急は宝塚球場の建設で、阪神に対抗

しかし、鳴尾球場が万全だったかというと、じつはそうでもなかったのである。1つには競馬場の外周トラッ

クの内側に球場をつくったため、常設の観客席まで手が回らなかった点だ。そこでグラウンド内のファウルゾーンに木造の仮設スタンドを取り付けてしのいだのだが、しょせんは泥縄の解決策に過ぎず、これがやがて後述する大事件の引き金になってしまう。

もう1つの懸案事項はグラウンドの土の悪さだった。低地の湿地帯だったせいもあって水はけが極端に悪く、ひとたび雨が降るとあっという間に泥沼状態に陥り、とても野球ができる状態ではなくなってしまうのだった。

このようにお世辞にも、全国大会の晴れ舞台としては胸を張れない鳴尾球場を横目で見ていた小林一三率いる阪急は、次の手を打つ。

豊中の野球場は、当時増え始めていた大阪や神戸に通う給与生活者向けの分譲住宅地として売却。スポーツ・レジャー関係の施設をすべて宝塚に集約する政策に切り替えたのである。そして、温泉、少女歌劇団、動物園、植物園が1か所に集まった「パラダイス」宝塚に野球場も新たに建設したのだ。

総面積3万3000平方メートルは豊中球場の1・5倍の広さ。さらに、まるで阪神の鳴尾球場の欠陥を見透かしたように、鉄筋コンクリート製の観客席をしつらえ、その収容人員は約3万人という「ビッグ・スタジアム」の建設にとりかかり、1922（大正11）年6月にオープンさせた。目論見はもちろん、中等野球の会場を阪神から奪回するためだった。

さて、この結果だが、ここでも軍配は阪神にあがった。じつは、後述する鳴尾球場での「事件」を重く見た大阪朝日新聞は、阪神電鉄に新しい球場の建設を働きかけていたのだ。この球場については次章で詳述するが、残念ながら阪急の宝塚新球場には、庶民に人気の中等野球はやってこなかったのである。

宝塚球場はその後も主に黎明期の職業野球のチーム「宝塚運動協会」(13)や「日本運動協会」（芝浦協会）(14)の試合が開催されたが、じり貧状態を回復することはできなかった。

１９３６（昭和11）年に結成された阪急軍（阪急職業野球団、現・オリックス・バファローズ）の本拠地としても利用されたが、１９３７（昭和12）年5月1日に開場した阪急西宮球場(15)にその座を明け渡し、宝塚球場の跡地は映画の撮影場になった。その後、宝塚ファミリーランドを経て、現在は一部が「宝塚市立文化芸術センター」になっている。

阪急は１９３２（昭和７）年、演劇・映画の興行を目的として株式会社東京宝塚劇場を設立。１９３４（昭和９）年には東京宝塚（東宝）劇場を所有して、東京・日比谷一帯を傘下に収め、

(13)宝塚運動協会…日本で３番目に誕生したプロ野球球団。宝塚球場を本拠地にして活動した。１９２９（昭和４）年に解散。

(14)日本運動協会…別名「芝浦協会」。１９２０（大正９）年に結成された日本初のプロ野球球団。東京の芝浦球場を本拠地としていた。１９２３（大正12）年に解散。

(15)西宮球場…正式名称は「阪急西宮スタジアム」。１９３７（昭和12）年に多目的スタジアムとして開場。阪急ブレーブスの本拠地として親しまれた。２００２（平成14）年に閉場。

浅草を中心とする松竹と対抗するようになる。どうやら、阪急はスポーツよりも芸能のほうが適していたのかもしれない。

ちなみに鳴尾球場はその後、川西航空機の飛行場となり、戦後は浜甲子園団地として開発された。現在の阪神タイガース2軍の本拠地となっている「阪神鳴尾浜球場」があるのは、1965（昭和40）年ごろから造成された埋め立て地の「鳴尾浜」であり、旧鳴尾球場からは海側に2キロほど離れているまったく別の球場である。

近くの「浜甲子園運動公園」の一角に「鳴尾球場跡地」の記念碑が立てられている。

観客なだれこみ事件が「甲子園球場」を生んだ

◉中等野球が〝ヒット商品〟に育った理由

1915（大正4）年、大阪朝日新聞が販売部数の拡大を図って始めた「中等野球」は、思惑通りの〝ヒット商品〟となった。

出場校も第1回大会の10校から、第2回、第3回は12と増えた。第4回大会は「米騒動」⒃のため中止になったが、続く第5回からも出場校は14、15、17と漸増（ぜんぞう）していくのである。

「中等野球」は年を重ねるごとに人気が出てきたが、そもそも「全国」と銘打っているわりには出場校が西日本エリアに偏（かたよ）っている傾向が見られた。第1回大会は地域別の予選をクリアした73校のなかから勝ち上がった10校で争われたが、エリアの区分けが、東北、東海、京津、関西、兵庫、山陽、山陰、四国、九州と明らかに西日本に厚かった。

東北の「予選」は秋田県内の3校だけで争われ、東京は後述する「野球害毒論」に真っ向から反対した作家で編集者の押川春浪(17)がつくった出版社「武侠世界社」が主催した東京都大会で優勝した早稲田実業だった。

そのため一般市民の興味は、地元関西地区同士の対戦と同時に、当時、阪神地区で増えていた工場や商店で働く中国、四国、九州出身の労働者たちの「郷土愛」にも支えられていた。

1970年代を中心に人気を集めた、作家でスポーツ評論家でもあった虫明亜呂無(18)は自著のなかで次のように「中等野球」の隆盛を分析している。

「もともと阪神地帯は四国、九州などからの出稼ぎが集まる所である……甲子園の中等野球が阪神地帯を中心に盛んになっていったのは、四国、九州、山陽出身者（彼らの多くは商店の丁稚や中小工場の工員である）が、たまたま8月の盆休みに球場に来て、故郷の学校に激しい声援を送ったからである……ここでは野球が故郷を離れた者同士を堅く連帯させていた」（『私鉄探

(16)米騒動…1918（大正7）年に発生した、米の価格暴騰にともなう暴動事件。富山県から全国に広がった。
(17)押川春浪…1876～1914。愛媛県出身。冒険小説を執筆する小説家。大のスポーツ好きで知られた。弟の清はプロ野球の創始者として知られる。
(18)虫明亜呂無…1923～1991。東京都出身。文芸評論、映画評論、競馬エッセイなど、多彩な活動で知られた文筆家。

検』近藤正高著、ソフトバンク新書より）

と自説を披瀝している。必ずしも虫明の分析が正鵠を射ているとは決められないものの、一面では当たっている部分もあるのではないだろうか。

阪神間のもっとも海側を走る阪神電鉄の当時のキャッチコピーは「待たずに乗れる阪神電車」である。距離の短い各駅間の乗客をこまめに乗せていくのが売りだった。駅間の距離が長く、乗降客の多い駅を優先する速達性を重視した阪急とはまったく異なるコンセプトで鉄道を運営していた。

見方を変えれば、阪神電車は「下町」に住む「庶民」を大切に扱ったのである。また、阪神電鉄は各駅停車専用の高加減速の車両(19)を自社で開発し、鉄道のハード面においても途中駅の乗客の便にきちんと対応した。

◉東京で起こった「野球害毒論」キャンペーンの真相

話を元に戻す。中等野球はこの阪神間の海側に位置する鳴尾球場が会場だったゆえに、虫明が分析していたように、いわゆる普通の庶民が気軽に観戦していたのではないだろうか。決めつけかもしれないが、阪急がつくった宝塚球場では、中等野球はここまで庶民のあいだで人気を呼ばなかったのかもしれない。

さて、明治の末から大正にかけて、東京のメディアでは「野球害毒論」が派手にくり広げられていた。先鞭をつけたのは東京朝日新聞。1911（明治44）年の8月29日だった。この日から「野球と其害毒」と題した連載キャンペーンが始まったのである。

第1回目の論客は『武士道』の著者でもある教育者の新渡戸稲造(20)だった。曰く、

「野球という遊戯は悪く云えば巾着切り（きんちゃっきり＝スリのこと）の遊戯。対手（相手）を常にペテンに掛けよう、計略に陥れよう、塁を盗もうなど……」

と、こき下ろしたのである。

これに呼応するように軍人出身の乃木希典(21)も学習院院長の立場から「対外試合のごときは勝負に熱中したり、余り長い時間を費やすなど弊害を伴う」と教育者らしい反対意見を提示している。

これに対抗するように、読売新聞では早稲田大学在学中に野球部を創設した、押川春浪を中心に「問題となれる野球」という野球擁護キャンペーンを16回にわたって連載した。

この論争は、東京での朝日とライバルである読売との新聞販売競争がことの「真相」なのだ

(19)高加減速車両…加速・減速の性能が高い鉄道車両。近鉄の「ラビットカー」が先駆となった。阪神電鉄では「ジェットカー」の名でおなじみ。
(20)新渡戸稲造…1862〜1933。岩手県出身。教育者、思想家。国際人で国際連盟の事務次長を7年間務めた。
(21)乃木希典…1849〜1912。東京都出身。陸軍の軍人で最終階級は大将。明治天皇の崩御時に殉死。

が、このようなインテリのあいだでの不毛とも思える論争は、関西ではまったく無視された。もちろん大阪朝日新聞も、である。ゆえに野球、とりわけ中等野球は何者にも邪魔されることなく隆盛を極めていったのだった。

◉観客なだれこみ事件で新球場建設は「待ったなし」に

鳴尾球場で「事件」が起きたのは1923（大正12）年の夏。第9回大会でのことだった。それまで主催者は、増え続ける観客に対して、大会が開催されるたびに臨時の仮設スタンドで対応していたが、それもすでに限界に達していた。試合が白熱すると、三塁側と一塁側のファウルグラウンドに設けられた仮設観客席の囲いが破られ、一部の観客がグラウンドになだれこみ、試合がしばしば中断。中止になってしまったこともあった。

この第9回大会は地元西宮町（市制が敷かれたのは1925〈大正14〉年から）の甲陽中（現・私立甲陽学院）が快進撃を続け、準々決勝で早稲田実業を6対1で下して準決勝に駒を進めていた。

準決勝の相手は同じ関西の京都・立命館中学。2校が対戦する第1試合は午前10時開始の予定だったが、その3時間前からすでに客席は超満員。試合が始まると1万人近い観客がグラウンドに押し出されてしまったのである。

試合は続行不能になり、中断した。慌てた大会本部は、午後に予定されていた第2試合の和歌山中（現・県立桐蔭高校）対松江中（現・県立松江北高校）の試合時間をくり上げ、隣の第2球場で第1試合との並行開催を断行。この観客分散策で何とか大事に至らずに済み、1時間半の中断だけで混乱を収拾したのだった。

しかし、この「事件」は主催者の大阪朝日新聞にとって、すぐにでも解決しなければならない大問題だった。もし大事故になって、万一死者でも出ようものなら世間から囂々（ごうごう）たる非難を浴びるのは目に見えている。大会自体がなくなってしまうと同時に、新聞の発行部数激減はもちろん、会社の存続自体にも影響を及ぼしかねないことも十分に考えられた。

大阪朝日新聞は、早速阪神電鉄に相談を持ちかけた。「鳴尾に代わる新しい球場を建設してほしい」という提案である。「甲子園球場」誕生の〝前夜〟が、にわかにかまびすしくなってきた。

2章——◉1924年 不断の努力で、大運動場が落成

広大な埋め立て地で進む「巨大野球場」建設計画

◉「暴れ川」の治水対策は二転三転

兵庫県中東部の丹波篠山を源流に持ち、途中美しい渓谷を刻みながら宝塚市を経て大阪湾に注ぐ全長66キロの二級河川が武庫川である。古代、都があった奈良から見て「向こう側」に位置していたことが語源らしいのだが、西宮市と尼崎市を隔てている関西では有名な河川である。

この川は江戸時代から「暴れ川」として有名で、河川が改修された現在でも氾濫想定区域内の人口107万人は、全国で10位（平成20年度第8回河川状況調査による）と、洪水の危険性とは背中合わせになっている。

このような事情から、明治の終わりの1911（明治44）年、下流の鳴尾村（現・西宮市）に「武庫川改修委員会」が発足、2年後の1913（大正2）年に周辺5村は具体的な改修計

画をまとめ上げた。

この計画の内容は、現在甲子園の東側を流れている武庫川の本流を思い切って廃川にしてしまい、本流の西側に位置する支川の枝川（えだがわ）とその支流の申川（さるかわ）に流れをつけ替えるという大胆な案だった。

後述するが、枝川と申川は、現在の阪神電鉄甲子園駅の北で、まず枝川が武庫川の本流と分かれ、さらに甲子園球場のすぐ北側（甲子園駅の南側）で枝川から申川が分かれ、並行して現在の甲子園浜に注ぐ中小河川だった。

結果的には、鳴尾村を中心とした5村でまとめた案は、兵庫県を含めた関係者の同意が得られず廃案になるのだが、もしこのとき武庫川本流の廃川が決まり、枝川と申川が新しい武庫川としてつけ替えられていたならば、現在の甲子園球場（阪神甲子園球場）の場所は、川底になっていたのである。

その後、武庫川の改修計画はしばらく鳴（な）りを潜（ひそ）めていたが、１９２０（大正９）年、兵庫県がまったく逆の案を明らかにしたのである。つまり、支流の枝川と申川を埋め立て、武庫川の本流を拡幅（かくふく）・浚渫（しゅんせつ）する計画である。現在甲子園球場の北側を通っている国道2号(阪神国道)を、物流や軍事などの面で生かすためという理由で、さっそくこの年の8月1日から改修工事がスタートした。

同じ年の8月14日には、第6回全国中等学校優勝野球大会が、15校が参加して鳴尾球場で開かれている。この大会は地元の関西学院中と京浜代表の慶應普通部が決勝に進出。17対0の大差で関西学院中が優勝したこともあって、関西での中等学校野球人気はますます盛り上がりを見せていた。

しかし、主催者の大阪朝日新聞と、鳴尾球場を阪神競馬倶楽部から借りている阪神電鉄は、中等学校野球の人気沸騰は大きな心配の種となっていた。それは、観客が増え過ぎており、そろそろ限界に達していたからだった。

◉廃川跡地の購入を阪神が即決

兵庫県が始めた武庫川の改修、つまり枝川と申川を廃川にして広大な埋め立て地を出現させる計画は、阪神電鉄にとってはまさに渡りに船の吉報だった。

埋め立て工事は1923(大正12)年3月に完成するのだが、阪神電鉄は完成を待たず、1922(大正11)年10月30日に、この広大な土地の払い下げ契約を兵庫県とのあいだで締結したのである。

くり返しになるが、理由は、鳴尾球場の中等野球での観客収容状況が、限界に達していること。それと同時に、1923年3月24日に競馬法が成立し、それまで禁止されていた馬券の購入が可能になったという事情も関係している。

つまり、競馬目当ての観客が増えるのは目に見えているので、競馬場の内側につくられた鳴尾球場は、近い将来、阪神競馬倶楽部に返却せざるを得なくなるだろうと考えられたからだった。

ちなみにライバルの阪急（１９１８〈大正７〉年までは箕面有馬電気軌道）が、宝塚に広大な観客席を備えた野球場を完成させたのが、１９２２年の６月15日。阪神電鉄はこの阪急の「攻勢」に対抗するかのように、わずか４か月後、兵庫県と広大な廃川跡地の売買契約を完了したのである。

それを見透かしたかのように、翌１９２３年８月19日に行なわれた全国中等学校優勝野球大会での準決勝戦で、観客のなだれこみ事件が発生する。なんともタイミング的に用意周到というか、それとも僥倖（ぎょうこう）が重なったというべきなのか、とにかく専務の三崎省三（みさきしょうぞう）率いる阪神電鉄はやることなすことすべてが「吉」と出たのだった。

阪神電鉄に兵庫県から払い下げられた枝川と申川の廃川埋め立て地の面積は22万４０００坪（73万９２００平方メートル）。最近のメディアが使う比較パターンでいうと東京ドームの約16倍の広さで、価格は４１０万円（現在の価格に換算すると約１０３億円）だったといわれている。

まさに、百年の計を視野に入れた一世一代の大英断だった。ちなみに兵庫県はこの売却金を武庫川本流改修費用の一部に充てている。

　現在の阪神電鉄の甲子園駅の下を通っている県道340号は、このときに埋め立てられた枝川である。その枝川が甲子園駅の南側辺りで分岐する支流・中川の跡地は、現在甲子園球場の西側を通っている斜めの道路だったと思われる。残っている1本の松の木が、かつて河川であった面影をいまに伝えている。

たった1枚の図面をもとに若い技術者が奮闘

◉アメリカ帰りの専務が描いた壮大な構想

甚だ勝手ながら、企業や各種団体の如何を問わず、組織が大きく変わるのは、過去にとらわれない「突出したリーダー」の存在と、それに応える「気概に満ちた若者」の出現、そして彼らの決断と実行の〝触媒〟になるのが時代の「空気感」なのではないだろうか。

　1910年代から20年代にかけての阪神電鉄の歴史をあらためて見てみると、この時代の激しいながらも生き生きとした息吹がひしひしと伝わってくる。世界情勢は第一次世界大戦[1]で疲弊したヨーロッパに代わってアメリカが台頭。日英同盟[2]によって連合国側として参戦した日本は、戦勝国の一員として「世界の一等国」の仲間入りを果たしたこともあり、世の中は「モボ・モガ」[3]に代表される自由主義的な〝風〟が吹き始めていた。とくにジャズをはじめとするアメリカの大衆文化が日本にも押し寄せてきた時代でもあった。

この時代、阪神電鉄の「突出したリーダー」は、後に社長に就任する専務の三崎省三であり「気概に満ちた若者」は、これもその後の阪神電鉄の社長並びに阪神タイガースのオーナーになる野田誠三（のだせいぞう）である。人物の詳細は後述するとして、まずはこの時代に阪神電鉄の周辺で起きた主な出来事を、年次を追って紹介してみる。

＊1910（明治43）年10月……阪神電鉄が経営するアミューズメントパーク「香櫨園（こうろえん）」で早稲田大対シカゴ大の野球の試合が開催され、3日間満員に

＊1913（大正2）年9月……「香櫨園」が廃園になる

＊1915（大正4）年8月……第1回全国中等学校優勝野球大会が、阪急の豊中（とよなか）球場で開催される

＊1916（大正5）年8月……阪神電鉄が阪神競馬倶楽部経営の鳴尾競馬場内に「鳴尾野

(1)第一次世界大戦…1914（大正3）年7月から1918（大正7）年11月にかけて、連合国と中央同盟国間で争われた世界規模の戦争。ヨーロッパの地が主な戦場となった。
(2)日英同盟…1902（明治35）年に日本とイギリスのあいだで結ばれた同盟条約。1922（大正11）年に廃止。
(3)モボ・モガ…それぞれモダンボーイ、モダンガールの略。1920年代の都会に出現した先端的な男女の呼称。モボはロイド眼鏡、モガは短髪にひざ丈のスカートが特徴。

球場」をつくる
＊1917（大正6）年8月……第3回全国中等学校優勝野球大会が、豊中球場から鳴尾球場に場所を移して開催される
＊1920（大正9）年7月……阪急神戸本線が開通する
＊1920（大正9）年8月……兵庫県が武庫川改修に関して枝川と申川の廃川を決定、工事を始める
＊1922（大正11）年6月……阪急が宝塚に新球場を完成させる
＊1922（大正11）年10月……阪神電鉄と兵庫県とのあいだで枝川・申川の廃川跡地の売買契約が成立する
＊1923（大正12）年8月……鳴尾球場での第9回全国中等学校優勝野球大会で観客のなだれこみ事件が発生する
＊1924（大正13）年3月……阪神電鉄が、枝川・申川の廃川跡地に建設する「甲子園大運動場」に着手
＊1924（大正13）年8月……「甲子園大運動場」が完成する

このような慌（あわ）ただしい時代に阪神電鉄の経営のタクトをとった三崎は、1867（慶応3）年、

兵庫県丹波氷上郡(たんばひかみ)に生まれた。19歳のときに単身で渡米。住みこみのアルバイトで収入を得ながら現地の高校に通い、インディアナ州のパデュー大学を卒業した、独立心に満ちた経歴の持ち主である。

帰国後、電車のモーターづくりをするために、三吉電気工場に入社。日本で初めて電気軌道(市電)を走らせた京都電鉄の車両を手がけた。その実績を評価され、阪神電鉄にスカウトされる。そして1917(大正6)年に専務に昇進してからは、若いころのアメリカでの体験をいかんなく発揮するのである。

鳴尾球場の観客収容能力が飽和状態に達し始めると、三崎はより大きなきちんとした野球場が絶対に必要だと痛感するようになる。同時に、競馬場内に設営された野球場が長くは続かないことも想定していた。

三崎が頭のなかで描(えが)いていた新球場は、アメリカで実際に見たメジャーリーグのグラウンドだった。これまで日本のどこにも存在しなかった画期的な大運動場である。

◉設計者がもっとも重視したポイントとは

さて、このような時期に都市交通を視察するためにニューヨークを訪れていた阪神電鉄車両課長の丸山繁は、三崎から「アメリカの球場を調べて、設計図を持って帰れ」との指示を受ける。いきなりの命令だったが、もちろんツテなどはない。専門外の案件である。

専務直々の指示に途方に暮れてしまった丸山は、同じ時期に最新の輪転機の買い付けにニューヨークに来ていた、大阪朝日新聞の小西作太郎(4)に相談を持ちかけた。丸山と小西は京都大学時代に同じ野球部に所属して汗を流した仲間だった（『甲子園球場物語』〈玉置通夫、文春新書〉による）からだ。1922（大正11）年のことである。

丸山は小西の紹介でニューヨーク市内の「ポロ・グラウンズ」を視察する。ニューヨーク・ジャイアンツ（当時）が本拠地として使っていた収容人員5万6000人のビッグ・スタジアムである。

甲子園球場の設計の際に
参考にされたポロ・グラウンズ（1922年）

『甲子園球場物語』によれば、小西はそのときの様子を「帰り際に案内してくれた球場職員が建て物の図面をもってきてくれたので、丸山君は『いい土産ができた』と喜んでいた」と述懐している。

翌年帰国した丸山は三崎にこの図面を渡した。すると三崎は京都大学を卒業して前年に入社したばかりの若い技術者、野田誠三を呼んで、新球場の設計図づくりを命じたのである。もちろん野田はアメリカに行ったこともなければ、球場など見たこともない。

仕方なく欧米のスポーツ施設にかんする本を集めて読んだりもしたが、なかなかイメージが湧いてこない。この年に完成したニューヨークの「ヤンキー・スタジアム」に対しても「建物の図面を送ってほしい」と手紙を出したが、返事は来ない。切羽詰まった野田は「アメリカに行って実際の球場を見てみたい」と直訴したが、阪神電鉄にはそのような予算も時間もなく、あっさりと却下された。

1924（大正13）年、野田は正式に「甲子園球場」の設計主任の辞令を受ける。もう覚悟を決めるしかない。入社3年目の若い技術者は、丸山の持ち帰った「ポロ・グラウンズ」の設計図を唯一の頼りに、与えられた仕事に必死に取り組まざるを得なくなるのである。

このとき、野田が設計でもっとも重要視したのがスタンドとグラウンドの位置関係だった。いかに見やすい観客席にするか、とくにその傾斜角度には腐心したと伝えられている。甲子園球場の「見やすさ」が現在でも評価が高いのは、このときの野田の真摯な仕事ぶりの賜物だったのである。

（4）小西作太郎…1892〜1985。京都府出身。元朝日新聞社常務。全国中等学校野球大会の生みの親。

工期4か月半。綱渡りの大工事が始まった

◉建設会社に課せられた高過ぎるハードル

1922（大正11）年10月30日、阪神電鉄と兵庫県とのあいだで枝川・中川廃川跡地の売買契約が成立した後の阪神電鉄の動きは速かった。

翌1923（大正12）年5月には中等野球の生みの親の1人で「ポロ・グラウンズ」の設計図を手に入れた功労者の小西作太郎や佐伯達夫(さえきたつお)(5)ら中等野球に深くかかわっている12人を集めた「建設顧問委員会」を発足させている。理想の野球場をつくるのに欠かせない「現場の声」を聴くためだった。

同じ年の11月28日、野田が作成した新球場の設計図が阪神電鉄の取締役会に諮(はか)られ、ゴーサインが出される。施行業者は大林組。1892（明治25）年に大阪で創業した地元の土木建築会社で、1931（昭和6）年に竣工(しゅんこう)した3代目の大阪城天守閣の復元を施工した、技術力には定評のある企業である。

肝心の新球場の所在地は、枝川から申川が分岐する付近の南側に決まった。1万4000坪（4万5000平方メートル）は、現在の東京ドームとほぼ同じ広さである。

阪神電鉄にとっての最大の課題は時間だった。何としても翌1924（大正13）年の第10回

全国中等学校優勝野球大会に間に合わせなければならない。

観客がなだれこんだ球場の安全性もたしかに心配だったが、競馬法成立で馬券の売り出しが認められた鳴尾競馬場へ大勢の観客が押し寄せることにより、鳴尾球場の賃貸契約を解除されるのが何よりも気がかりだった。

2022（令和4）年の11月から3回にわたって開催された「阪神甲子園球場100周年記念講座」のなかで、講師を務めた武庫川女子大名誉教授の丸山健夫氏（情報学専攻）は、

「一般的には鳴尾の球場がいっぱいいっぱいだったので新球場が必要だったと言われていますが、阪神電鉄は、この競馬法の成立をいちばん気にしていたと思われます」

と語っている。

当時「東洋一」といわれた大運動場を短期間でつくり上げなければならないプレッシャーをもっとも強く感じたのは、おそらく施工を請け負った大林組だったに違いない。地鎮祭が行なわれたのは1924年3月11日。5日後の3月16日には起工式が行なわれ、いよいよ新球場の建設が始まった。

完成までに与えられた期間は、わずか4か月半である。

（5）佐伯達夫…1892〜1980。大阪府出身。1967（昭和42）年から1980（昭和55）年まで日本高等学校野球連盟の会長を務めた。高校野球の教育的な面を強調し、その強権的な方針から「佐伯天皇」の異名もあった。

これは大林組にとってもかなり高いハードルである。2015（平成27）年6月10日付の日刊スポーツ・プレミアムに掲載された「黎明期の高校野球」のなかで、当時の大林剛郎代表取締役会長は「この規模の工事を4か月半で完成させるのは現代の技術をもってしても難しいチャレンジだと思う」と語っている。それほどの〝綱渡り〟を強いられる仕事だった。

さらに、大林剛郎会長は、父親で3代目の社長だった芳郎氏に聞いた話として、

「グラウンドの造成に牛を使ったり、夜間は阪神電車の架線から電力を引っ張って、裸電球に明かりを灯して徹夜作業を続けたそうです」

と、文字通りの突貫工事ぶりを披露している。

たしかに現在残されている、外野から本塁側に向けて撮ったと思われる建設工事中の写真には、三遊間あたりでローラーを引っ張っている3頭の牛の姿がはっきりと写っている。グラウンドに入れる土を作業員がモッコ[6]で運びこみ、それを牛に曳かせたローラーで均していたのだった。

◉新しい時代のスタートとともに「甲子園」完成

工事は順調に進展していった。ただし、僥倖に恵まれた点があったのも事実である。それはこの年が「空梅雨」だったからだ。

完成後に野田がまとめた工事報告書によると、3月11日の地鎮祭から、竣工した7月31日までの143日間のうち、晴天は101日と記録されている。雨天率は29パーセント。一般的に日本の年間降水日数は100日（雨天率27パーセント）ほどといわれているので、梅雨をはさんだこの期間にしては恵まれた天候だったようだ。

新球場の内野スタンドは鉄筋コンクリート造りで50段の座席。高さは47尺2寸（14・3メートル）。現在のアルプススタンドは土盛(ども)りの上に木造のスタンドを20段設置し、外野は土盛りのままだった。

このように、造成には大量の土砂が必要とされたのだったが、その点、この場所が廃川の跡地だった立地が幸いしていた。砂はもちろん、とくに枝川・申川の土手だった場所の土を土塁(どるい)用にそのまま使えたからである。

もちろん、労働基準法などが整備されていない時代だったので、現場の作業員は割増賃金を支払えば喜んで徹夜作業も辞さなかった。時代背景も突貫工事にはプラスに作用したのである。

1924（大正13）年7月31日、ついに新球場は完成した。8月13日から開催される第10回全国中等学校優勝野球大会に間に合ったのである。

(6)モッコ…縄や竹、蔓（つる）を編んでつくった土砂運搬道具。人が担いだり、背負ったりして使う。昭和中期まで土木工事に用いられていた。

新球場が完成するまでの仮名称は「枝川運動場」だったが、まさかこの名称を正式名称にするわけにはいかなかった。１９２４年は60年をひと区切りの周期とする十干十二支（じっかんじゅうにし）[7]の最初の組み合わせである甲子年（きのえねとし）だった。新しい時代のスタートにふさわしく「縁起がいいではないか」となり、三崎は「甲子園」と命名。後に「甲子園大運動場」となり、看板の表記は「阪神電車甲子園大運動場」となった。

すべてにおいて斬新だった総合大運動場

◉こけら落としは野球ではなく「運動会」

「甲子園」は予定通りオープンした。正式名称は「阪神甲子園球場」ではなく「阪神甲子園大運動場」。看板には「阪神電車甲子園大運動場」と記されていた。

それは野球場としてだけではなく、陸上競技場や球技場としても利用されることを念頭に置いていたからである。事実、現在国立競技場を中心に関東地区で行なわれている全国高等学校サッカー選手権大会は、１９２５（大正14）年の第8回大会から１９２８（昭和３）年の第10回大会までは、この甲子園大運動場が会場となっている。

そのようないきさつもあって、こけら落としは野球ではなかった。大阪と神戸のあいだに位置する１５０あまりの小学校から選抜された男女２５００人あまりの〝選手〟たちが、徒競走などを競った「阪神間学童運動会」だった。観客席には子供たちの保護者約1万人が詰めかけたという。

「甲子園大運動場」のオープン時の観客収容人員数は8万人といわれている。観覧座席数は5万人。その他3万人は座席のない外野も含めた「立ち見」の人数からはじき出された数字である。画期的だったのは50段の傾斜に設けられた内野席のスタンドだった。

ほかには、水洗トイレ、カレーライスやコーヒーが提供される食堂も、三崎や野田が意図しなかったほど評判になり、まさに時代の最先端を行くアミューズメント感あふれるスポーツ施設だったのである。

◉選手がボールを見失うほど広大だったグラウンド

では、実際に競技が行なわれる「大運動場」のグラウンドに目を向けてみよう。広さは5900坪（約1万9470平方メートル）。本塁から左右両翼までは110メートル。同じく中堅のバックスクリーンまでが119メートル。驚かされるのは右中間、左中間までの距離で、これが128メートルと非常に深くなっている。

（7）十干十二支…古代中国に始まる暦の用語。十干は甲・乙・丙などの10種。十二支は子・丑・寅などの12種からなり、これらの組み合わせが1年の単位で「甲子」「乙丑」などと呼ばれる。

現在、プロ野球12球団が本拠地にしている球場で、もっとも広いのが広島カープの「マツダZoom-Zoomスタジアム」で、左右両翼が101メートル、中堅が122メートル、左右中間が116メートルだから、この「大運動場」がいかに広大だったかが、おわかりいただけるはずだ。

この広大な「球場」は1934（昭和9）年、ホームベースがさらに9メートル下げられている。この年、日米野球に出場するために訪れたベーブ・ルースが「こいつは、デカ過ぎるぜ（TOO LARGE!）」といった話はあまりにも有名だ。

規格外の球場はルールさえも変えてしまう。この球場ができるまではキャッチャーが後逸したパスボールは自動的に1個の進塁が与えられるのが一般的なルールだったが、「甲子園」ではすべてフリーとなった。

また、あまりの広さに第10回全国中等学校優勝野球大会に出場したチームのなかには、ノックのボールを見失った外野手が複数出たともいわれている。地方にはこの新球場に匹敵するサイズの球場は1つも存在していなかったからだ。

ちなみに現在の阪神甲子園球場は、左右両翼が95メートル、中堅が118メートル、左右中間が118メートルと12球団のなかでは下から2番目の狭い球場になっている。

◉甲子園の「土」は、どのように誕生したのか

開場日の8月1日に関係者に配られた「甲子園大運動場建設概要」の冊子が、東京・文京区の「野球殿堂博物館」に展示されている。そのなかに「本運動場建設ニ関スル指導者」が列記されており、野田のほかに小野三千麿[8]の名前が記されている。

小野は神奈川師範（現・横浜国立大学教育学部）から慶應義塾大に進んだ投手で、1922（大正11）年にメジャーリーグ選抜チームとの試合で先発し、日本人で初めてアメリカのチーム相手に勝利を収めた投手として歴史に名をとどめている。社会人の都市対抗野球大会ですばらしい活躍をした選手やチームに贈られる「小野賞」は、彼の功績を顕彰して設けられたものである。

この小野と同じ慶應義塾大野球部の出身で、当時阪神電鉄の用度課に勤務していた石川真良[9]の頑張りも忘れるわけにはいかない。

それは、グラウンドの土の配合を完成させた功績である。野田の回想録によると、甲子園の「土」は最初、武庫川の東側を流れる尼崎の蓬川の土をバケツで運んでいた。しかし、乾くと白く変色してしまう。

(8)小野三千麿…1897〜1956。神奈川県出身。野球選手、新聞記者として活躍。アマチュア野球振興にも尽力し、1959（昭和34）年に野球殿堂入り。

(9)石川真良…1880〜1969。秋田県出身。「甲子園球場の土」の生みの親。後に野球に臨む心構えを記した「野球十訓」を著す。

「これではボールを追えない」となり、次に大根の産地として有名な神戸の熊内（くもち）の土を運んできたのだが、これも粘度が足りずパサパサしている。そこで淡路島の赤土を取り寄せ、熊内の黒土と混ぜ合わせた赤黒い土を敷き詰めたところ、理想に近いグラウンドが誕生したのだ。

そして、この一連の試行錯誤を粘り強く続け、毎日のようにユニホーム姿で建設中の球場に姿を現し、整地したばかりのグラウンドを走ったり、滑りこんだりしていたのが、この石川だったのである。

三崎の描いた気宇壮大（きうそうだい）な計画を短期間で実現した裏には、建設に一丸となって取り組んだ阪神電鉄の従業員や、土木工事を請け負った職人たちの情熱が確実に存在していたのである。おそらく、現在も「甲子園球場」を支配している一種の〝レジェンド感〟は彼らの思いが１００年の月日を経たいまも静かに息づいているからに違いない。

２０２３（令和5）年、オリックス・バファローズを下して38年ぶりの日本一に輝いた阪神タイガースに、２０１０（平成22）年から10シーズンにわたって在籍したランディ・メッセンジャー(10)がスポーツ総合サイトの『THE DIGEST』にコメントを寄せた。

「あそこは黒くて埃（ほこり）っぽい砂でひどいグラウンドだった」とアメリカ人らしいジョークを述べた後、こう言っている。

「あそこには伝統があるんだ。それが甲子園球場というものをつくり上げているんだよ」

甲子園のシンボル「大鉄傘と蔦」も誕生

◉大鉄傘は「女性客の日焼け防止のため」だった

阪神甲子園球場では、レジェンドの薫りを色濃く残しているシンボルがさまざまな箇所で見られるが、もっとも代表的なのが「大鉄傘」なのではないだろうか。バックネット裏から一、三塁側の内野スタンドを覆っている鉄の屋根（現在はガルバリウム鋼板(11)製で太陽光パネルが載せられている）だ。

1951（昭和26）年にジュラルミン(12)製に葺き替えられてからは、そのキラキラと光り輝く外観から「銀傘」の呼称が定着したが、1924（大正13）年のオープン時には、多くの鉄柱に支えられた鋼鉄製の屋根だったために「大鉄傘」と呼ばれるようになった。

この画期的な鉄の屋根は、三崎のアメリカでの体験にもとづくアイデアだった。いきさつを語るのは武庫川女子大名誉教授の丸山健夫氏である。

「阪神電鉄はスタンドに屋根を架けることで婦人客の誘致を目論んだのです。ヒントになった

(10)ランディ・メッセンジャー…1981〜。アメリカ・ネバダ州出身。2010（平成22）年に阪神タイガース入団後、10シーズン在籍（球団歴代最長）。日本での通算成績は98勝84敗、1ホールド、防御率3・13。
(11)ガルバリウム鋼板…金属素材の一種。別名「アルミ亜鉛合金メッキ鋼板」。錆びにくく、耐用年数が長いのが特長。
(12)ジュラルミン…アルミニウムと銅を主成分とした合金。軽量で高い強度が特長。航空機、ケースなどに利用されている。

のは、三崎さんがアメリカで見たスタジアムでした。現在でもそうですが、当時はアメリカでも日本でも、ご婦人方は日に焼けるのをとても気にしました。大鉄傘は女性も日焼けを気にせずに、思う存分スポーツ観戦を楽しんでもらおうという意図が込められていたのです」（甲子園球場100周年記念講座「100年前のボールパーク～知られざる甲子園の歴史」より）。

企業間の競争、とりわけ一般乗客へのサービス合戦にしのぎを削っていた関西の私鉄ならではの、顧客ファーストの考え方がこのあたりにも表れている。

関西での中等野球熱は、新球場の物珍しさもあって人気がうなぎのぼり。観客のなかには女性、とくに選手たちと同年代の女学校（高等女学校や実業学校）の生徒が観戦に訪れるようになったというから、三崎の目論見は間違っていなかったのである。

◉前代未聞の広大なグラウンドとなった事情とは

甲子園大運動場の前代未聞の広大さの特徴の1つは、前述したように左右中間のスペースが広くとられている点である。じつは、これも三崎のアメリカでの体験にもとづいている。

アメリカでは、この当時からスポーツはシーズン制が一般的だった。野球は春から秋にかけて行なわれ、代わって秋から冬にかけては、フットボール（アメリカンフットボール）の季節になる。

そのため、多くのスタジアムが野球とフットボールを兼用していた。阪神電鉄の丸山繁がアメリカから設計図を持ち帰った「ポロ・グラウンズ」も野球のニューヨーク・ジャイアンツとともに、1925（大正14）年からはNFL（ナショナル・フットボール・リーグ）の同じくニューヨーク・ジャイアンツの本拠地スタジアムとして使われている。

実際「ポロ・グラウンズ」は左翼85メートル、右翼78・5メートルに対して左中間138・7メートル、右中間136・9メートル、中堅が147・2メートルと、現在の野球場からすると考えられない超変形球場だった。これも外野の左翼と右翼のあいだに、長方形のフットボール競技場をまるまる収める必要があったからである。

ちなみに、ニューヨーク「ポロ・グラウンズ」は、野球のニューヨーク・ヤンキースも使用していたが、1920（大正9）年、ベーブ・ルースがボストン・レッドソックスからヤンキースに移籍すると、ホームラン数が前年の29本から一気に54本に増えた。右翼78・5メートルの〝効果〟がいかんなく発揮されたわけで、このときに火がついたルースの人気で、ヤンキースはメジャーリーグ史上初の年間観客動員数100万人を突破したのだった。

◉甲子園球場の外壁が蔦で彩られた理由

さて、甲子園をレジェンド（伝説）たらしめているもう1つの「象徴」は、球場の外壁を埋め尽くしている蔦なのではないだろうか。1924年に突貫工事で誕生した「阪神甲子園大運動場」の外壁は、コンクリート剝き出しのなんとも殺風景な外観だった。この年の夏に行なわれた第10回全国中等学校優勝野球大会が好評のうちに終了した後、三崎と野田はこの外壁を何とかできないものだろうか、と何度も話し合ったという。

正確な記録は残されていないのだが、野田の日記には12月2日に造園業者が工事のために来場したことが記されている。

蔦は安かったし、繁殖力が強く、見た目も緑が濃くて落ち着いた雰囲気を醸し出す。それに、付近はもともと川だったので、地下水も豊富。日当たりも良好だったので蔦の育成には申し分のない環境が整っていた。正面の7号門と8号門の周りには、日当たりの悪いところでも育ちやすいウコギ科の蔦。その他の部分は、冬に葉を落とすブドウ科の蔦を採用した。

三崎と野田の思惑通り、蔦の成長は予想外に早く、運動場の外壁を美しく飾るようになったのである。葉の総面積は畳8000畳分あったといわれている。こうして甲子園のレジェンドはレガシー（遺産）になっていくのだった。

開場当時の人気のメニューは「コーヒー付きカレーうどん」

1924（大正13）年に開場した「甲子園大運動場」の名物は、コーヒー付きのカレーうどんだった。牛肉が入った、当時としては「高級洋食」で、価格は30銭。

当時グラウンドキーパーの日当が75銭だったというから、現在のお金に換算すると1000円くらいの感じだったのだろう。それでも、このコーヒー付きカレーうどんは、とてもよく売れたという。

戦時中の食料難の時代でも、牛肉の代わりにイルカの肉や貝柱を使ってなんとか続けていたが、戦況が激しくなると、とうとう中断せざるを得なくなった。

復活したのは、1947（昭和22）年春の第19回選抜大会からだった。価格の推移を見てみると、1940（昭和15）年には50銭、戦後の1955（昭和30）年に80円、1965（昭和40）年に120円となっている。

その後はコーヒーなしの価格で、1980（昭和55）年が350円、1991（平成3）年に500円、そして2023（令和5）年は700円になっている。

外野席の観客にミカン箱が飛ぶように貸し出された理由

まだラジオさえも普及していなかった昭和ひとケタ時代は、熱戦を堪能（たんのう）するにはやはり球場に足を運ぶしかなかった。

だから、中等野球（高校野球）のスタンドは超満員だった。当時の外野は立ち見がほとんどで、入場料も徴収しなかったから、古い写真を見ても立錐の余地もない状況だったのがよくわかる。

そこで登場したのが、ミカンの空き箱やビール瓶のケースを貸す商売。1箱50銭（現在の感覚では1200円ほどか）とやや高かったが、とても繁盛したという。

お金儲けにかけては、機を見るに敏な関西らしい「商売」。さすがである。

校旗掲揚と校歌吹奏はいつから始まった？

高校野球で、勝利チームの校旗が校歌の吹奏とともにスコアボードのセンターポールに掲揚されるセレモニーは、いまや当たり前の「決まり事」になっているが、これは第1回大会からの「伝統」ではなく、途中から採用された「儀式」だった。

1929（昭和4）年春の第6回選抜大会で初採用され、第1号の栄誉に輝いたのは開幕戦で松本商（長野、現・松商学園）を下した八尾中学（大阪、現・府立八尾高校）だった。

この「画期的」なアイデアは、その前年に行なわれたアムステルダム五輪に出場し、陸上競技の800メートル走で銀メダルを獲得した日本初の女性メダリスト、人見絹枝の提言だったといわれている。

人見は当時、大阪毎日新聞運動部の記者。みずから経験した「日の丸掲揚」に感激し、

「わが社が主催している高校野球の選抜大会でも」となって生まれたといわれている。

大阪朝日新聞社もこれに倣い、夏の選手権大会でも、1957（昭和32）年の第39回大会から取り入れられるようになった。採用までいささか時間がかかったのは、誇り高い朝日が競争相手である毎日の「後追い」に躊躇したからかもしれない。

初めて始球式を行なった現職の首相は？

高校野球の始球式の多くは時の文部大臣（現・文部科学大臣）が務めるのだが、2003（平成15）年夏の第85回選手権大会では、当時の首相が開会式に出席。始球式も行なっている。

首相の名前は小泉純一郎。開会式では、「諸君の一投一打にかけるその懸命さ、そのひたむきさに、われわれは感動します」と選手に語りかけた。そしてヘリコプターから投下された「記念球」を持ち、みずからマウンドに立って始球式を行なったのだった。

ボールは少し山なりになったものの、捕手のミットに吸いこまれるストライク。現職の総理大臣が甲子園でボールを投げたのは、現在のところ、このときのみである。

ただし、1988（昭和63）年夏の第70回選手権大会では、当時皇太子だった徳仁親王が始球式を行なっている。

ちなみにこのとき、バッターボックスに立っていたのは、当時常総学院（茨城）2年の仁志敏久（元・巨人）だった。

3章——夏の甲子園、熱闘の幕が上がる
◉1924年〜1936年

甲子園で中等野球の熱戦がスタート

◉記念すべき「甲子園第1球目」は大暴投

1924（大正13）年8月13日。完成したばかりの「阪神甲子園大運動場」で開幕した第10回全国中等学校優勝野球大会は、午前10時13分に第1試合のプレーボールが宣せられた。対戦カードは静岡中（現・県立静岡高校）対北海中（現・北海高校）。神静（しんせい）（神奈川と静岡）代表の静岡中は初出場。対する北海道代表の北海中は2年ぶり3度目の全国大会だった。

先攻は静岡中。北海中の先発、手島義美が振りかぶって投げた第1投目は、なんとバックネットを直撃する大暴投だった。全国大会を過去2度経験している北海中でさえも、さすがにこの広大なグラウンドでのデビュー戦は緊張したらしく、後日手島は「打者までの距離がまるで二塁から投げるように遠く感じた」（『甲子園球場物語』より）と語っている。

第1試合は4対4のまま延長戦に突入する。そして12回裏、北海中の小林駒次郎が一死三塁から放った遊撃内野安打で三塁走者が生還し、サヨナラ勝ち。試合時間2時間55分の、文字通り手に汗を握る熱戦だった。

第10回大会の出場校は19校。第2回、第3回大会で実施されていた敗者復活戦はすでに行なわれなくなり、1回戦3試合の後の2回戦からは16チームによるトーナメント戦となった。

◉5万人収容のスタンドは、開場4日目で満員に

中等野球は前年の第9回までは入場料を徴収していなかったが、年々高まる人気に、押し寄せる観客をさばき切れなくなる不安が現実化してきたため、この大会から「やむなく」内野の指定席に限り、入場料を徴収することになった。

それでも観客は一向に減る気配がない。もちろん、連日展開されていた熱戦が最大の要因だが、やはりいまも変わらない地域を代表するチームに肩入れしたくなる「郷土愛」が、応援を過熱させていたのだろう。

衰えを知らない人気の要因は、出場19校がどちらかというと西日本に厚くなっていた点も関係していたように思える。東日本からは北海道・北海中、東北・秋田中（現・県立秋田高校）、東京・早稲田実業、神静・静岡中、甲信・松本商業（現・松商学園）の6校。当時日本の植民

地だった朝鮮・京城中、満州・大連商業、台湾・台北商業の3校以外の10校はすべて西日本勢。とくに近畿エリアからは大阪・市岡中（現・府立市岡高校）、京津・同志社中（現・同志社高校）、兵庫・第一神港商業（現・市立神港橘高校）、紀和（きわ）・和歌山中（現・県立桐蔭高校）の4校が出場している。

前述したように、阪神地区の住民は大阪神戸間の工場や商店に勤務する中国、四国、九州の出身者も多く、山陽・広島商業、山陰・鳥取一中（現・県立鳥取西高校）、四国・松山商業、九州・佐賀中（現・県立佐賀西高校ほか）を応援する観客も少なくなかったはずだ。

とくにファンの関心を集めたのは大会4日目の第1試合、2回戦での地元神戸の第一神港商業対東京の早稲田実業の一戦だった。下馬評では両校とも優勝候補の一角に挙げられた強豪。さらに、この日8月16日は旧盆で仕事が休みだったこともあり、試合開始前に内野の一般席は満員になっていた。両軍合わせて23安打が乱れ飛んだ試合は、地元の第一神港商業が11対5で早稲田実業を一蹴（いっしゅう）した。

この試合のヒーローは第一神港商業の4番で一塁手の山下実（やましたみのる）だった。5打数4安打、うち本塁打1本、三塁打2本。3回にはボールカウント1－1からの3球目を、だだっ広い右中間を真っぷたつに割るランニングホームランを放っている。

地元兵庫代表の第一神港商業の勝利を期待して新球場に集まった観客は約5万人。大会前に

「(こんなに広い球場なので）5万人入るには10年かかるのではないか」と予想していた関係者の「読み」は見事に外れ、開場わずか4日目にして所期(しょき)の目標をあっさりと達成してしまったのである。溢(あふ)れかえる観客は球場だけではなかった。阪神電鉄梅田駅前も電車を待っている人で混雑する写真が残されている。

◉中等野球は関西人の娯楽から日本人の娯楽へ

この大会で快進撃を演じたのは、準々決勝で地元の第一神港商業を13対10で下した広島商業だった。続く準決勝で満州の大連商業に7対6で競(せ)り勝ち、決勝の松本商業戦も8回に入れた虎の子の3点を守り切り、実業系の中学としては初めての全国優勝を飾っている。

テレビもラジオもない当時のファンが「速報」をいち早く知る手立ては、後述する「プレヨグラフ」と、主催の朝日新聞社が社屋の前に掲示している「速報板」しかなかった。決勝戦の8月19日、広島市の朝日新聞通信部の前に溢れかえる人たちの写真も残されている。もう、中等野球は押しも押されもしない、日本人にとっての人気ナンバーワンのスポーツ・エンターテインメントになっていたのである。

さて、余談になるが、この大会では全部で19本の本塁打が記録されている。個人で2本打った選手も鳥取一中の横山保三、松本商業の西村成敏、市岡中の土肥梅之助と3人。もちろん全部がランニングホームランだった。阪神甲子園大運動場がそれほど広かった、何よりの証左である。

関西私鉄の集客競争に勝利した阪神電鉄

◉庶民に便利な「待たずに乗れる阪神電車」

さて、阪神を語るうえで欠かせないのが、電鉄会社としての事業展開と鉄道を軸に据えた地域のデベロッパー的な動きである。そのあたりを少し説明してみたい。

関東関西を問わず私鉄の多くは、大量の乗客が見込める神社仏閣への参詣の足として事業を始めたケースが多い。関東では京急の前身である大師電気鉄道が川崎大師（金剛山平間寺）への参詣客を当てこんで1899（明治32）年に開業。1909（明治42）年に設立された京成電気軌道（現・京成電鉄）も成田山（新勝寺）への参詣客を運ぶのが目的だった。関西でも1929（昭和4）年に、南海電鉄が高野山（金剛峯寺）詣でのために現在の「高野線」(1)を全通させている。

同時に明治から大正にかけてのこの時期は、日露戦争に勝利した高揚感と第一次世界大戦による特需景気などで、庶民のあいだには「娯楽」意識が高まりつつあった。そのため、大都市近郊の温泉保養地への旅行客を運ぼうとしたのも、私鉄を起業した当時の事業家の目論見の1

つだった。

箕面有馬電気軌道を社名とした、後の阪急電鉄はそのものずばりで、温泉地の名称を社名に取り入れたし、関東では小田原急行電鉄（現・小田急電鉄）が箱根を目指して鉄道を敷設したのも同様の目的があったからだった。

ところが阪神電鉄は、まったく別の考えを持っていた。巨大二大都市間を結び、高い頻度で行き来できる「インターアーバン」こそ、大阪と神戸を結ぶにふさわしい鉄道だと考えたのである。

これは1899（明治32）年、創立と同時に入社した三崎省三自身のアメリカ生活での実体験から導き出された確信に近いものだった。関東でのインターアーバンの代表的な私鉄は東京横浜電鉄（現・東急東横線）だが、東京の渋谷と横浜の桜木町間が全通したのは、阪神電鉄よりも27年も後の1932（昭和7）年だった。

その点、三崎省三の阪神電鉄は先見の明があったわけである。当時、阪神間の官営鉄道（後の国鉄東海道本線）の停車駅は神崎（現・尼崎）、西ノ宮（現・西宮）、住吉のわずか3駅。インターアーバンで重要なフリークエンシー（頻度の高い）・サービスを前面に押し出した阪神電鉄の途中駅は32。所要時間は官鉄の60分に対して80分と遅れをとっていたが、12分間隔で「待た

（1）南海電鉄高野線…大阪の汐見橋駅から和歌山県高野町の極楽橋駅までを結ぶ、全長64・5キロ、駅数42の鉄道路線。

ずに乗れる」阪神電車は沿線住民のニーズを見事にすくい上げたのだった。

◉阪急の「宝塚」に対抗する「甲子園レジャーランド」計画とは

庶民がレジャーを楽しむようになり始めた時代の変化を読んでいた三崎は、ライバルだった阪急の小林一三（こばやしいちぞう）に勝る（まさる）とも劣らない構想を持っていた。

小林の阪急が沿線の「宝塚」をレジャーの中心地に据えたのに対して、三崎の阪神は、海辺の河川埋め立て地である「甲子園」を自社のレジャー部門の「核」としたのである。阪神間の中間に集客が見込めるレジャー施設があれば、大阪からも神戸からも、多くの市民が阪神電車に乗ってやってくる、と読んだのだ。

このように考えたのは、阪急の小林も同じだった。１９２０（大正9）年、阪神電車が走る山側に現在の阪急神戸本線を開通させたのである。

もちろん、阪神も阪急の攻勢を、指をくわえて見ていたわけではなかった。１９２３（大正12）年、大阪市と神戸市を結ぶ、通称「阪神国道」[2]が起工。3年後の１９２６（大正15）年に開通する。旧東海道のバイパスである。

阪神はこの新しい「国道」をいち早く押さえた。子会社を設立して路面電車を走らせたのだ。道路が開通してわずか7か月後の１９２７（昭和2）年7月1日に「阪神国道電軌」（西野田—

神戸東口)[3]が開業した。ライバルの阪急を見据え、先手を打つ実行力。阪神間の海側はすべて阪神の〝テリトリー〟にする考えが、このあたりからも見てとれる。

全長26・0キロのこの「国道線」が開通するちょうど1年前には、甲子園(臨時駅としては1924〈大正13〉年に開業)、浜甲子園の2駅が開業。1928(昭和3)年には上甲子園まで延長して阪神電車との接続を実現させ、さらに浜甲子園から海岸のなかほどの中津浜までを、専用軌道[4]で延長したのである。

これは枝川・中川の跡地に開発した住宅分譲地へのアクセス確保が表向きの目的だったが、三崎はより壮大な構想を抱いていた。それは完成した「甲子園大運動場」の南側一帯を一大レジャーランド化する計画である。アメリカ滞在中、実際に足を運んだコニー・アイランド、イギリスで見たブラックプールやブライトンなどの隆盛が頭から離れなかったのだろう。コニー・アイランドはニューヨーク・ブルックリンの最先端に位置する海浜リゾート。「ルナパーク」遊園地のほか、海水浴ができるビーチ、水族館などが集約されていた。

(2)阪神国道…国道2号のうち、大阪市から神戸市に至る区間のバイパス道の通称。並行する第二阪神国道(国道43号)の開設後は「一国」と呼ばれる。

(3)阪神国道電軌…1927(昭和2)年に開業した阪神電鉄系の路面電車。後に阪神国道線に。支線の「甲子園線」と合わせると全長29・8キロ、停留所数は57。1975(昭和50)年に廃止。

(4)専用軌道…道路以外の敷地に敷設された新設鉄道の通称。道路上に敷設されたものは「併用軌道」と呼ばれる。

イングランド北西部の海浜リゾートであるブラックプールも国内最大の保養地で、158メートルの「ブラックプール・タワー」と2階建ての路面電車「バルーン」がシンボルである。そしてここにはグラウンドがあり、サッカーのブラックプールFC、ラグビーのパンサーズの本拠地になっている。

三崎の頭のなかでは、この娯楽とスポーツをミックスした米英の一大海浜リゾートが、これからみずからが開発する「広域甲子園」ときっとダブって見えたに違いない。

阪神が展開したスポーツとレジャーの一大殿堂

◉収容人員2万人の専用球技場がオープン

三崎の描いたスポーツとレジャーの一大殿堂をつくりあげる構想は、着々と実行に移されていく。まずはスポーツ関連の施設から。

1929（昭和4）年5月25日、甲子園大運動場の南側、現在の浜甲子園運動公園の北側に「甲子園南運動場」がオープンした。それまでは野球がメインである「甲子園大運動場」の外野を、球技にも使えるスペースとして活用していたのだが、球技専用の競技場が欲しくなったのである。

最初はラグビー専用のグラウンドとして計画されたが、通年での活用を考慮してフットボール（サッカー、アメリカンフットボール）、さらには陸上競技のトラックも備えた総合運動場に落ち着いた。

珍しかったのは陸上競技のトラックが1周500メートルで、コーナーも緩（ゆる）めに設定されていた点だ。一般的に陸上のトラックは1周400メートルだが、ここではトラック内で行なわれるラグビーやサッカー、アメリカンフットボールを優先するために、あえて500メートルにしたのだった。観客席はホームストレッチ側に緩く、弓なりのかたちで設けられた。フィールド全体が見渡せるようにとの配慮からである。

収容人員は2万人。コンクリート造りの常設観覧席が1万7500。それに移動式の2500席が加わった数である。貴賓席、会議室、さらには宿泊設備まで整った本格的な球技場で、5月25日の開会式には秩父宮（ちちぶのみや）夫妻が臨席している。

現在、高校サッカーの「聖地」は東京の国立競技場、ラグビーは東大阪市の花園ラグビー場だが、当時はサッカーもラグビーも「甲子園」が選手たちにとっての憧れの地だったのである。

●100面以上のテニスコートに大プール…着々と進む施設整備

この「甲子園南運動場」では陸上競技の世界記録が誕生している。1935（昭和10）年6月9日、関東近畿フィリピン対抗陸上競技大会で100メートルに出場した吉岡隆徳（よしおかたかよし）[5]が10秒

3の世界タイ記録（当時）をマークしたのだ。

吉岡は1932（昭和7）年のロサンゼルス五輪の100メートルで6位入賞を果たしている、戦前の日本最速スプリンターで「暁の超特急」の異名は日本全国に知れ渡っていた。

さらに、1926（大正15）年に現在の甲子園球場の西側に30面のテニスコートがつくられた。しかし、増え続けるテニス人口に追いつかず、1937（昭和12）年には南運動場に隣接して102面のコートと、ウィンブルドンのような収容人員1万人のセンターコートをもつ「甲子園国際庭球場」が新設された。150人が宿泊できる庭球寮も備えた立派な施設だった。

甲子園は、コニー・アイランドやブラックプールのような海浜レジャー・リゾートを目指したこともあり、水泳にはことさら力を注いだ。大運動場の三塁側のアルプススタンドの下には温水プールがつくられた。

これは東京のYMCA（キリスト教青年会）に次ぐ、日本で2番目のオールシーズン型プールだったが、一般市民が利用できる温水プールとしては日本で初めてのものだった。水温は四季を通じて25度に保たれ、全面モザイク張りの瀟洒なプールだった。

そして1937年には、球場西側の30面のテニスコートの跡地に、国際競技が可能な50メートルの水路、飛び込み台、さらにナイター照明を完備した「甲子園大プール」も誕生している。

◉「阪神パーク」では鯨が泳ぎ、ビーチプールには人工波が

スポーツ以外のレジャー施設では、何といっても「阪神パーク」が画期的だった。1929（昭和4）年に完成した総合レジャーゾーンは当初「甲子園娯楽場」と称されたが、1932（昭和7）年からは「浜甲子園阪神パーク」と改称された。動物の展示はこれまでの常識を破る、なかば「放し飼い」で、氷山を模した島のペンギンの数は100羽を超えていた。

そのなかでも驚異的だったのは水族館である。戦前では日本最大規模を誇り、ほかではお目にかかれない「ここだけ」が満載だった。いまではどこの水族館でも当たり前になっているガラス張りになった通路の頭上を魚が泳ぐスタイルの展示も「天井水槽」と銘打った目玉設備で、使われた強化ガラスはベルギーから輸入したレアものだった。

阪神電鉄の三崎はやることが徹底していた。水族館は自前の船「阪神丸」を持ち、海の魚をみずから収集。さらにこの「阪神丸」で和歌山県の太地から鯨（ゴンドウクジラ）を生きたまま運び、プールで飼育したのである。もちろん日本初の試みで、子供たちは「背中に穴があいている」クジラに目を丸くしたものだった。

もちろん、コニー・アイランドのような海水浴場も整備されたし、浜に隣接された「デラックスプール」はのちに「ビーチプール」と改称され、人工波やウォーターコースターが人気だ

（5）吉岡隆徳…1909〜1984。島根県出身。通称「りゅうとく」。戦前に活躍した陸上短距離走の第一人者。

った。戦後、1957（昭和32）年に開業した神奈川県の「大磯ロングビーチ」[6]をすでに戦前の時点で実現していたのである。

この時代、ライバルの阪急も宝塚を中心に温泉、野球場、劇場、動物園、植物園などの総合レジャー施設を開発したが、やはり、海と一体化し、スポーツを前面に押し出して「健康的」なイメージをコンセプトにした三崎率いる阪神電鉄の甲子園には、独自のオリジナリティがあったのではないだろうか。関東でも京王電気軌道（現・京王電鉄）が1927（昭和2）年、多摩川の隣接地に「京王閣」[7]をオープンしたが、スポーツとレジャーを合体させる発想はなかったようだ。

阪神地区に花開いた「甲子園」のスケールの大きさは、大正から昭和にかけての「モダニズム」の具現化だったのである。

観客席の増設で「アルプススタンド」登場

◉開場5年目にして敷かれた外野の芝生

話を本題の「甲子園球場」に戻そう。1924（大正13）年に開場した甲子園大運動場は、当初の「満員になるのは10年後」の予想を見事に裏切って、8月13日から始まった第10回全国中等学校優勝野球大会の4日目で5万人の観客を集め、あっさり目標を達成してしまった。

中等野球の人気はすさまじく、切符売り場付近にはゴザを敷いて徹夜で並ぶファンの姿も目立つようになる。なかには全試合が終了しても帰ろうとせず、そのまま観客席で一夜を明かす人もいたようだった。

このような状況を前にして、阪神電鉄も球場のスケールアップを考えざるを得なくなった。観客席の増設とともに、いかに楽しんで試合を見てもらえるか、つまり「見やすさ」にも配慮したのである。

にわかには信じられないだろうが、開場した当初の甲子園大運動場の外野には芝生が敷かれていなかった。開場から2年ほど経過した1926（大正15）年ごろには外野一帯にクローバーが生え、遠目にも風になびいている様子がわかるほどだった。クローバーといえば聞こえはいいが、要は雑草である。当時、グラウンドキーパーだった稲葉梅吉は「夏の間中、外野にびっしり生えたクローバー取りをやったが、広さと暑さとでものすごくしんどかった」と回想している（『甲子園球場物語』より）。

そこで1928（昭和3）年の12月から翌年の2月にかけて、外野に芝生が敷き詰められた。

(6)大磯ロングビーチ…神奈川県大磯町の大磯プリンスホテルに併設している屋外プールを主としたレジャー施設。
(7)京王閣…多摩川に隣接し、大浴場、噴水プール、園芸館などを備えた娯楽施設。「東京の宝塚」と呼ばれたが、戦争で消滅。現在は競輪場にその名を残している。

問題は、毎年3月に開催される選抜中等学校野球大会だ。夏の中等野球優勝大会の人気に黙っていられなくなった大阪毎日新聞が、１９２４年に「夏とは異なる選出基準の大会を」としてスタートした同じ中等野球の大会である。

第1回大会は「関西ばかりではなく、東海地区のファンにも」と、名古屋の山本球場で始まったが、翌年からは夏と同じ甲子園が会場となっていた。

しかし、芝生がしっかり根付くには最短でも1〜2か月かかる。１９２９（昭和４）年春の第6回選抜大会は、まだら模様の外野で試合が行なわれた。

◉スタンドの名付け親は人気漫画家だった？

そして阪神電鉄は、増え続ける観客に対応するために観客席の増設に踏み切る。球場が開設されて5年が経過した１９２９年3月、内野のファウルゾーンから外野にかけて土盛りの上に木造席20段を設置していたスタンドを、50段の鉄筋コンクリート製に改造することにしたのである。

この年の夏の中等野球大会も超満員のなかで行なわれた。新設された内外野にまたがる50段の観客席も白いシャツ姿のファンで埋め尽くされていた。

そのそびえ立つ観客席を見上げた当時の人気風刺漫画家、岡本一平（おかもといっぺい）⑻は「ソノスタンドハマタ素敵ニ高クミエル　アルプススタンドダ　上ノ方ニハ万年雪ガ　アリサウダ」とキャプションをつけ、8月14日付の大阪朝日新聞に掲載した。

それ以来、この内外野のあいだに位置する急傾斜の観客席が「アルプススタンド」と呼ばれるようになったという説が専(もっぱ)らである。

ただし、朝日の記者が「アルプス」と形容した文言を岡本一平がちゃっかりいただいたとか、一平が連れてきた息子の太郎が「アルプスみたい」といったなどの異説もまことしやかに伝わっている。

ちなみに1936（昭和11）年、外野の観客席が拡張されたとき、その高さゆえに大阪朝日新聞は「ヒマラヤスタンド」と名付けたのだが、残念ながらこちらはまったく定着しなかった。

観客席にかんしては、現在プロ野球の各球団の本拠地球場が挙(こぞ)って採用している「フィールドシート」(9)が、同じ1936年に早くもここ甲子園球場に出現している。

これはファウルグラウンドの規則改正にともない、内野席とアルプススタンドを全体的にグラウンド側に増築した際、最前列席が期せずしてグラウンドレベルになってしまったからだった。

(8)岡本一平…1886～1948。北海道出身。画家、漫画家、文筆家。妻は歌人の岡本かの子、長男は芸術家の岡本太郎。
(9)フィールドシート…グラウンド最前列にせり出した座席。甲子園以外では、2003（平成14）年にYahoo!BBスタジアム（現・ほっともっとフィールド神戸）がいち早く採用した。

第19回中等学校優勝野球大会の準決勝。延長25回に及んだ明石中―中京商のスコアボード（写真：共同通信社）

◉スコアボード新設の契機となった延長25回の死闘

さて、野球場に絶対に欠かせない設備の1つがスコアボードである。開設時の甲子園大運動場のスコアボードは得点のみを表示する仮設の板だった。これは1924年の第10回大会に間に合わせるために急いで設置したからで、翌1925（大正14）年には選手名も表示できるスコアボードに替えられた。

位置は現在のセンター後方ではなく、やや右翼寄りだった。じつは当時の日本ではバックスクリーン[10]の概念がなく、センター後方もすべて観客席で占められていたからだった。

当時のスコアボードが表示できたイニング数は最大16回までだった。1926（大正15）年の第12回全国中等学校優勝野球大会の準々決勝、静岡中対前橋中（現・県立前橋高校）の試合は延長19回まで続き、常設のスコアボードでは収まりきらず、急遽（きゅうきょ）やぐらを組んで仮設ボードを継ぎ足して急場をしのがざるを得なかった。

1933（昭和8）年の第19回大会では、さらに長い戦いがくり広げられた。準決勝、明石中（現・県立明石高校）対中京商業（現・中京大付属中京高校）はなんと延長24回まで0対0。仮設ボードには右翼のポール際まで延々と手書きの0が並んでいったのである（延長25回裏、中京商業が無死満塁から放ったセカンドゴロのバックホームがそれてサヨナラ勝ち）。

これが「見づらい」となって、翌1934（昭和9）年からスコアボードはセンター後方に新しくつくり直され、同時にバックスクリーンも常設されるようになったのである。

ちなみに、甲子園球場独特の明朝体による選手、チーム名の表記文字は、1925年から今日までずっと変わっていない。

ラジオ中継が中等野球人気に拍車をかけた

◉日本式の試合経過速報板「プレヨグラフ」

中等野球の人気は年を追うごとに盛り上がる一方だった。応援する側は地元の大阪、兵庫をはじめとする関西のチームが気になるし、西日本の各地に故郷を持つ人たちも、自分たちの地

(10)バックスクリーン…野球場で、打者や捕手、球審が投手の投げる球を視認しやすいようセンター後方に設置された「壁」。一般的には濃緑、青、黒などに塗られている。

域の代表校の勝敗は身内同然の関心事だった。

しかし、１９２４（大正13）年当時は、テレビはもちろんラジオもない。日本で初めてラジオが電波を発信したのは１９２５（大正14）年3月22日、午前9時30分のことだった(11)。

結果を早く知りたい、いや途中経過も把握したい、というファンの思いに何とか応えようと考えだされたのが「プレヨグラフ」と呼ばれた屋外に設置された速報ボードだった。両チームの選手名が書きこまれた巨大な掲示板で、真ん中には野球のフィールドが描かれている。玩具の野球盤を縦にしたようなイメージである。

そこにボールカウントが1球ごとに表示されるとともに、現時点での走者の位置がダイヤモンド(12)上に再現される。ちょうど将棋の解説板のような役割を果たしていたのである。

プレヨグラフは１９２６（大正15）年から27年にかけて、大阪市の中之島公園、京都の円山(まるやま)公園などに設置され、当時の写真を見る限り、周りは黒山の人だかりだった。

プレヨグラフは１９２５年から復活した大学野球の早慶戦でも活躍した。１９２６年に神宮球場が開場する以前の大学野球は各校のグラウンドが試合会場だったため、観戦できる人数には限りがあった。

そのため、日比谷公園に設置されたプレヨグラフの前に大勢の人が詰めかけたのだ。プレヨグラフはラジオが普及する前の「実況中継」だったのである。

◉阪神電鉄がラジオ中継に大反対した理由とは

中等野球をはじめとする野球人気は、新聞社にも影響を及ぼした。野球報道は書けば書くほど新聞が売れるドル箱コンテンツだったからだ。旧制高校同士の定期戦、東京を中心とした六大学野球、実業団、クラブチーム、そして中等野球と、朝日新聞と毎日新聞は取材体制の充実を図るために「運動部」を独立させ、そこに六大学などで活躍したスター選手を記者として採用したのである。

このような世の中の流れに黙っていられなくなったのが、1925年に開局したばかりのラジオだった。

ラジオが初めて「実況放送」を実施したのは、1925年10月31日の天長節(13)祝賀式の模様だったが、この年には6月に開局したばかりの大阪中央放送局（JOBK、現・NHK大阪放送局）も中等野球の実況中継を計画していた。

ところが、阪神電鉄はこの申し出を断ってしまう。理由は「球場に（阪神電車に乗って）足

(11)ラジオ初放送…1925（大正14）年、東京・芝浦にあった東京高等工藝学校（現・千葉大学工学部）の図書館から第一声が発信された。1928（昭和3）年に全国放送に。
(12)ダイヤモンド…グラウンド内の4つのベースを結んだ正方形を指す。いわゆる「内野」のこと。
(13)天長節…現在の天皇誕生日にあたる祝日。1948（昭和23）年に祝日法が制定され、翌年より「天皇誕生日」として国民の祝日と定められ、現在に至る。

を運んでくれる人がいなくなってしまうから」だった。

しかし、ラジオ関係者は簡単にはあきらめなかった。アメリカでのワールドシリーズ(14)のラジオ人気を持ち出して、阪神電鉄と放送の許認可権を握っていた逓信省(ていしん)を説得。もちろん大阪朝日新聞のバックアップもあって、1927(昭和2)年の第13回大会からの実況中継が実現したのである。

◉初代実況アナウンサーの孤独な闘い

1927年8月13日、全国中等学校優勝野球大会の初日の第1試合。午前9時5分にネット裏最前席の特設放送席から「JOBK、こちらは大阪中央放送局甲子園臨時出張所であります」の第一声が発せられた。日本初のスポーツ実況生中継が始まった瞬間だった。

担当のアナウンサーは入局2年目の魚谷忠(うおたにただし)。試合は北海道代表の札幌一中(現・札幌南高校)対青森師範(現・弘前大学教育学部)。

魚谷は「大会が始まる20日くらい前に急に命じられてびっくりした」そうである。当たり前の話だが、まだ誰も中継をしたことがなかったので他人に聞くわけにもいかない。ルールや用語も一般化していなかったので、当日の朝になって「16、17歳の少年が聴いてもわかるような放送にしようと決めた」と当時を振り返っている。

スタッフは魚谷をはじめ、技術担当を含めて総勢7人。球場内の食堂が臨時の調整室となった。電波は大阪・天王寺の中継局を経由して大阪放送局に飛ばされ、近畿一円に流された。

実況を担当した魚谷は、大阪・市岡中から関西学院高等部に進学。卒業後、銀行に3年間勤務したが、ＪＯＢＫがアナウンサーを募集していると聞きつけ、思いきって転職。１９２６（大正15）年に大阪中央放送局に入った。

じつは、魚谷は１９１６（大正５）年の第2回中等学校優勝野球大会で市岡中が準優勝したときの三塁手だった。初の実況アナに抜擢されたのは、この野球経験と体力だったといわれている。事実、この夏は１人で全21試合のすべてを担当。さらにその後も、１９３１（昭和６）年までの春夏合わせて８大会の実況を１人でこなしきったのである。

「ラジオ中継は球場への客足を遠ざける」――阪神電鉄のこの心配は、いざ蓋を開けてみるとまったくの杞憂だった。ラジオから流れる試合の臨場感が、ファンの気持ちをさらに刺激し、観客は減るどころか増加の一途をたどったのである。

これに刺激を受けたのは、東京の中央放送局（ＪＯＡＫ、現・ＮＨＫ放送センター）のアナウンサーだった松内則三(15)と河西三省である。

(14)ワールドシリーズ…メジャーリーグ・ベースボール（ＭＬＢ）での優勝決定戦。レギュラーシーズン終了後の10月にナショナル・リーグとアメリカン・リーグそれぞれの覇者同士が戦う。

そして、東京での野球人気を牽引していた六大学野球の実況中継が、早くも同じ年の10月15日、早稲田対明治戦で実現した。松内による「夕闇迫る神宮球場、ねぐらに急ぐカラスが一羽、二羽……」の名調子は、あまりにも有名である。

また、河西は1936（昭和11）年のベルリン五輪の女子200メートル平泳ぎの実況で「前畑、がんばれ！」を連呼し、これまた今日まで語り継がれている。

ちなみに、ラジオ放送の全国化は1928（昭和3）年から。甲子園の熱戦がテレビの電波に乗るのは戦後の1953（昭和28）年まで待たなければならなかった。

プロ野球球団「大阪タイガース」誕生

◉乗り気ではなかった阪神が参加を決めた事情

じつは昭和初期、まだ「職業野球」と呼ばれていたプロ野球に、阪神電鉄はそれほど積極的ではなかった。理由の1つは、当時の野球というスポーツに対する一般庶民のイメージである。

たしかに野球自体は盛んだったが、それはあくまでも学業の一部や趣味として楽しむイメージが強く、中等野球も東京六大学野球も、1927（昭和2）年に第1回大会が行なわれた都市対抗野球大会⑯も、いわゆる「アマチュア」だったからこそ人気が出たのだった。

大正時代の後半に「学生たちの手本になるように」と誕生した「日本運動協会」や、女性奇術師の松旭斎天勝が客集めの余興としてつくった「天勝野球団」、あるいは阪急の小林一三が宝塚につくった自社の球場に所属するチーム「宝塚運動協会」などの職業野球の草分けは、いずれも短命のまま消滅していった。

阪神が重い腰を上げざるを得なかった第1の理由には、ビジネス上の利害が関係していた。阪神と阪急がしのぎを削っていた当時、宝塚市郊外の清荒神（真言三宝宗清荒神清澄寺）と宝塚の中心部を結ぶ「清宝バス」の経営者、田中義一がプロ球団設立に熱心だった事情があった。

宝塚はもちろん阪急の〝ホームグラウンド〟である。田中は「清宝バス」を売りたがっていた。そして阪神電鉄は、阪急の牙城に楔を打ちこむためにも「清宝バス」が欲しい。

さらに、買い手の阪神電鉄は「甲子園」を持っており、売り手の田中は関西大学野球部ＯＢで、「関西に是非とも職業野球の球団を」と熱望している。このような「構図」のなかで阪神電鉄は１９３２（昭和７）年、「清宝バス」を買収したのだった。

さて、日本での本格的な職業野球は読売新聞の正力松太郎(17)が中心になって、１９３４（昭和９）年６月９日に開かれた「職業野球団発起人会」が事実上のスタートだったといわれている。

(15)松内則三…１８９０～１９７２。東京都出身。日本でのスポーツ実況アナウンサーの草分け。１９２８（昭和３）年に初めて中継された大相撲（春場所）の実況も手がけた。

(16)都市対抗野球…毎年夏に行なわれる社会人野球のトーナメント大会。第１回は１９２７（昭和２）年、各都市を代表するチームを競わせる大会としてスタートした。

この年の12月には、後に巨人軍となる「大日本東京野球倶楽部」が発足。その前月の11月には米国メジャーリーグの選手一行を呼んで、読売新聞主催の「第2回日米野球大会」が、4日の神宮球場を皮切りに全国12会場・18試合で行なわれた。

これは3年前の1931（昭和6）年に行なわれた第1回の日米野球（全17試合）で、読売新聞が10万部以上の販売部数増を達成したことに味を占め、柳の下の2匹目のドジョウを狙ったからだった。第2回の日米野球は甲子園球場でも行なわれた。そして予想を上回る集客を記録したのである。

結果的に、阪神電鉄はこの読売主催の「野球興行」で儲かったのである。具体的には、興行権を2試合5万円で買い、収入は7万円。こうして、読売新聞に儲けさせてもらった格好の阪神電鉄は、正力が中心となって進めていた日本の職業野球構想に加わらざるを得なくなったのである。

◉「大阪野球倶楽部」設立へ

甲子園で日米野球を開催したことで、中等野球以外の野球も意外と集客できることが判明した。たしかに中等野球側からの反発はあるかもしれないが、グラウンドは春と夏以外は空いている。プロ球団の設立に熱心な田中義一の勧めと、ちょうど役員改選で今西与三郎が新社長に就任したこともあって、阪神電鉄の意向は「（職業野球を）やらない手はない」方向に傾いていくのである。

1935（昭和10）年10月9日、読売新聞が「甲子園スタンドを持つ阪神電鉄が、今度いよいよ職業野球団を結成することに決定した」と報じた。もちろん、正力の意向を含んだ、阪神電鉄の背中を押すための「観測記事」だったのだが、これで阪神はもう後戻りはできなくなってしまった。

10月17日、巨人対クラブチーム「全大阪」の試合が甲子園球場で開催された。巨人の先発投手は沢村栄治(18)。好ゲームだったが、有料入場者数は4486人。興行収入は1666円だった。中等野球はおろか日米野球にも遠く及ばない観客数だったが、ビジネスを考えた場合の数字としてはけっして悪くない。「電鉄本社の稟議書の決裁が下りたのは12月6日だった」と『プロ野球「経営」全史』（中川右介著、日本実業出版社）では、このあたりのいきさつが紹介されている。

1935年12月10日。株式会社「大阪野球倶楽部」が設立された。会長は関西財界の重鎮、

(17)正力松太郎…1885～1969。富山県出身。内務官僚から読売新聞の経営者に転身。積極的な経営で社勢を拡大し「読売中興の祖」と呼ばれる。

(18)沢村栄治…1917～1944。三重県出身。日本のプロ野球黎明期の伝説的な投手。日米野球でメジャーリーガーを手玉にとり、注目を浴びる。後に兵役に召集され、1944（昭和19）年、屋久島沖で乗っていた輸送船が撃沈され戦死。

松方正雄（松方正義[19]の四男）。田中義一は取締役に就任した。いまでいうGM（ゼネラル・マネジャー）である。

このとき、チーム名を「阪神野球倶楽部」としなかったのは、米国メジャーリーグのチーム名は都市名とニックネームだと知っていたからだった。そのニックネームは社員から公募することにした。

◉チーム名「タイガース」の由来は？

田中義一を中心として、チーム編成が始まった。監督はすったもんだの末、この年の第21回全国中等学校優勝野球大会で優勝した松山商業の森茂雄に決まった。主将（ヘッドコーチ兼任）は明治大ＯＢで当時満州国の大連実業団にいた松木謙治郎[20]。選手は実業団の日本コロムビア硬式野球部に在籍した日系2世の若林忠志[21]、立教大を中退した伝説のスラッガー景浦將[22]のほか、藤村冨美男[23]の名前もあった。

翌1936（昭和11）年、社員から公募したチーム名は「タイガース」に決まった。阪神工業地帯と同様の工業都市デトロイトを本拠地とする米メジャーリーグのデトロイト・タイガースに倣ったのだと説明されている。

同時に佐藤惣之助作曲、古関裕而作曲の『大阪タイガースの歌』も発表された。現在も歌い継がれている通称『六甲おろし』である。

職業野球への参画を打ち出した阪神電鉄に対し、ライバルの阪急電鉄の反応が面白い。前述した10月9日付の読売新聞の記事をアメリカのワシントンで知らされた小林一三は、すぐに阪急本社に電報を打った。「即座に球団を結成し、西宮駅北口に購入済の土地にスタジアムを建てよ。私が帰国する来年2月までにやっておくこと」——。

(19)松方正義…1835～1924。鹿児島県出身。明治期に総理大臣を2度務めた維新の元勲の1人。財政通で知られた。
(20)松木謙治郎…1909～1986。福井県出身。明治大、阪神で強打の一塁手として活躍。ロイド眼鏡がトレードマーク。
(21)若林忠志…1908～1965。アメリカ・ハワイ州出身の日系2世。法政大から日本コロムビアを経て、阪神や毎日オリオンズで活躍した名投手。持ち味は変幻自在の「七色の変化球」。
(22)景浦將…1915～1945。愛媛県出身。日本プロ野球史上に残る伝説の選手の1人。水島新司の漫画『あぶさん』の主人公・景浦安武のモデルだったといわれている。
(23)藤村冨美男…1916～1992。広島県出身。「ダイナマイト打線」で不動の4番を務めたスラッガー。初代「ミスタータイガース」。「物干し竿」と呼ばれた通常より8センチ長いバットがトレードマークだった。

4章——戦禍に耐え、復興へと歩みだす

◉1936年〜1950年

隆盛するスポーツの陰で戦雲が近づく

◉職業野球リーグが7球団で発足

１９３６（昭和11）年、「日本職業野球連盟」が創立し、４月29日から5月9日まで、アメリカ遠征中だった巨人軍以外の６球団によるトーナメント形式のリーグ戦が甲子園球場で行なわれた。６球団とは、大阪タイガース、名古屋軍、東京セネタース、阪急軍、大東京軍、名古屋金鯱(きんこ)軍である。

甲子園球場が会場になった理由は、職業野球チームが使える球場がここしかなかったからだった。東京の神宮球場（明治神宮野球場）は大学のための球場で「プロ」は使えない。後楽園球場(1)は、この年の12月にやっと会社（株式会社後楽園スタヂアム）が設立されたばかり。阪急の西宮球場も建設中だった。

つまり、日本の「プロ野球」が本格的に始まった時点で自前の球場を持っていたチームは、甲子園球場を本拠地とする「大阪タイガース」だけだったのである。

同じ年の7月1日から19日まで、アメリカから帰国した巨人軍を含めた7球団で「第1回全日本野球選手権大会」が東京（早稲田戸塚球場(2)）、大阪（甲子園球場）、名古屋（山本球場(3)）の3か所で開催されている。野球といえば、それまでは中等野球、大学野球、実業団・クラブチームのいわゆるアマチュアが本流だったが、野球自体の人気は高まる一方だった。職業野球が旗揚げしたのも、そのような時代的な背景に呼応したからである。

翌1937（昭和12）年には、11月20日と21日、23日の3日間、現在のオールスターゲームにつながる「職業野球東西対抗戦」が甲子園球場を舞台に3試合行なわれている。2勝1敗で西軍が勝ち、水原茂(みずはらしげる)(4)が最高殊勲選手に選ばれた。

(1)後楽園球場…旧水戸藩邸の地に建設され、1937（昭和12）年9月に開場。正式名称は「後楽園スタヂアム」。巨人と日本ハムの本拠地として長くファンに親しまれた。1987（昭和62）年に閉場。
(2)戸塚球場…1902（明治35）年、当時の新宿区戸塚町に早稲田大学が設けた野球場。学生野球を中心に使用された。日本初のナイターが行なわれた球場ともされる。後に「安部球場」に改称。1987（昭和62）年に閉場。
(3)山本球場…1922（大正11）年、当時の名古屋市中区で開場。地元の富豪・山本権十郎が私費を投じて独力で建設した。戦後、国鉄（現・JR）に買収され、練習場として使用された。1990（平成2）年に閉場。
(4)水原茂…1909〜1982。香川県出身。高松商業、慶大を経て、1936（昭和11）年に巨人入団。終戦後4年間のシベリア抑留生活を経て、1950（昭和25）年から巨人監督に。翌年から3年連続日本一。東映・中日の監督も歴任。

阪神電鉄は、1936年に「甲子園大運動場」を大幅に改修した。それまではフットボール（サッカー、ラグビー、アメリカンフットボール）との兼用だったグラウンドを、ほぼ現在の形のような野球専用に変えたのである。前述したように、1929（昭和4）年に完成した「甲子園南運動場」がフットボール専用のグラウンドとしての役割を十分に果たしていたからだと思われる。「甲子園大運動場」は外野スタンドを増築。真ん中に時計を配したスコアボードは、すでに1934（昭和9）年に完成していた。正確な記録は残されていないが、このころから「甲子園大運動場」は「甲子園球場」と呼ばれるようになるのである。

◉冬の甲子園球場にスキージャンプ台が出現！

昭和に入ってから太平洋戦争が勃発（ぼっぱつ）するまでのおよそ15年間は、一般的に戦争の足音が忍び寄り始めた「暗い時代」のイメージが強い。たしかに1932（昭和7）年に五・一五事件、1936（昭和11）年に二・二六事件、1937（昭和12）年には盧溝橋（ろこうきょう）事件から日中戦争(5)が始まっている。しかし世間、とくに大衆社会はけっして暗いムードに包まれてはいなかった。

甲子園球場で行なわれる中等野球は春、夏ともにあいかわらず満員の観客が詰めかけ、名勝負物語やヒーローの活躍を新聞やラジオが派手に取り上げていた。1933（昭和8）年、第19回の全国中等野球優勝大会準決勝で展開された中京商対明石中の延長25回に及ぶ〝死闘〟はあまりにも有名だし、この大会で3連覇を達成した中京商は、強豪校の地位を確立した。

1937年夏の第23回大会で、この中京商と決勝で対戦した熊本工の中心選手は、後に「打撃の神様」の異名をとる、エースで3番を任された川上哲治(6)だった。ちなみに、このときの敗戦時に、史上初めて「甲子園の土」を持ち帰った球児こそ川上だったという〝秘話〟が、2020(令和2)年9月9日付の熊本日日新聞で報じられている。

阪神電鉄は、甲子園球場で庶民の娯楽に直結する派手なスポーツや芸能のイベントも積極的に展開していった。その最たるものが1938(昭和13)年1月10日に開催された「全日本選抜スキージャンプ大会」だろう。左中間スタンドに約40メートルの高さにそびえ立つ木製のジャンプ台がつくられた。そして、外野から内野にかけて雪が敷き詰められ、甲子園球場に「ゲレンデ」が出現したのである。

新潟県・妙高高原の田口駅(現・えちごトキめき鉄道、しなの鉄道の妙高高原駅)から周辺の雪を貨車20両に積みこみ、国鉄の西ノ宮駅(現・JR西宮駅)まで運び、トラックでピストン輸送。大会前夜に約15センチの厚さに雪を敷き詰めたという。4万人の観客が詰めかける大盛

(5)日中戦争…1937(昭和12)年7月の盧溝橋事件をきっかけにして勃発した日本と中国とのあいだの戦争。戦線は中国国内に拡大し、太平洋戦争へと発展した。

(6)川上哲治…1920~2013。熊本県出身。熊本工卒業後、1938(昭和13)年に巨人入団。1956(昭和31)年、通算2000本安打選手の第1号に。引退後は巨人の監督に就任し、チームを9年連続日本一に導いた。

況だった。ちなみに、このときの優勝者の最長不倒距離は27・0メートルの記録が残っている。

◉六代目尾上菊五郎一座の野外歌舞伎が大盛況

太平洋戦争が直接市民生活に影響を及ぼすようになったのは1943（昭和18）年のアッツ島玉砕(7)以降である。それまではむしろ、大衆の娯楽熱は拡大していた。

映画館数と入場者数は、1933（昭和8）年の1460館、1億7824万人から、翌1934（昭和9）年の1538館、1億9892万人へと増加している。とくに洋画の伸び率が著しく、当時の日本人に「鬼畜米英」の意識はまったくといっていいほどなかったことの証明にもなっている（『戦時下の大衆文化』劉建輝・石川肇［編］、KADOKAWAより）。

甲子園球場ではほかにも、野外映画会や小唄勝太郎、市丸らの流行歌手が出演した歌謡ショーが開催されたが、極め付きはなんといっても1939（昭和14）年8月26、27日の2日間にわたって演じられた六代目尾上菊五郎(8)一座による「野外歌舞伎公演」だろう。

二塁ベースと外野の芝生のあいだに、センターに向けた特設舞台をしつらえ、芝生の前列は筵の上に厚い座布団を敷く特別観覧席、その後ろが椅子席で、外野のスタンドが一般席の設定。夕方から始まり、こちらも大盛況だった。

随筆家の山本夏彦は「野球は歌舞伎に似ている。客は役者の一挙手一投足を見守って楽しめる。ほかの役者は動かないし……」と『百年分を一時間で』（文春新書）に書いているが、その通りの展開になったのである。

しかし、このような享楽的な時代もそう長くは続かなかった。

戦意高揚に利用された中等野球

◉伝説の投手が2試合連続「ノーノー」を達成

戦争の足音はじわじわと忍び寄ってくる。「野外歌舞伎」が上演された１９３９（昭和14）年の冬、２月４日から12日まで甲子園球場で開催された、朝日新聞社主催の「戦車大展覧会」がその明らかな兆候だった。グラウンドに戦車を並べ、球場に特設された小山や沼地を走らせ、集まった観客にアピールしたのである。戦線が膠着していた日中戦争を多分に意識した、国民の戦意が衰えないようにするための一種の広報活動だった。

そのような、一般市民の国への帰属意識を鼓舞する空気が顕著になるなかでも、中等野球人気は一向に衰えを見せなかった。次々に好勝負やスーパーヒーローが出現したからだ。

(7)アッツ島玉砕…１９４３（昭和18）年5月にアリューシャン列島のアッツ島で起きた、日本軍とアメリカ軍の戦い。大激戦の末、日本軍が全滅した。この戦いは、日本国内で初めて「玉砕」という言葉で報じられ、国民に大きな衝撃を与えた。

(8)六代目尾上菊五郎…１８８５～１９４９。初代中村吉右衛門とともに、「菊吉時代」の全盛期を築いた。歌舞伎界での「六代目」は、通常、この六代目尾上菊五郎のことを指す。

「戦車大展覧会」が行なわれた１か月後、傷めつけられたグラウンドで開催された、第16回全国選抜中等学校野球大会では、愛知の東邦商（現・東邦高校）の猛打が注目の的になった。

１回戦の浪華商（現・大阪体育大学浪商高校）に20対１、２回戦の和歌山・海南中（現・県立海南高校）に13対０、準々決勝の北神商（現・神戸市立神港橋高校）にも13対１で快勝。準決勝の静岡・島田商（現・県立島田商業高校）に６対１、決勝の岐阜商（現・県立岐阜商業高校）にも７対２で完勝。５試合で合計59点（１試合平均11・８得点）という離れ業を演じた。

同じ年の夏に行なわれた第25回全国中等学校優勝野球大会では、決勝までの５試合すべてに完封勝利、うち、準決勝、決勝は２試合連続ノーヒットノーランという、現在では考えられない偉業を成し遂げた海草中（現・県立甲陽高校）の嶋清一が注目の的となった。昭和40年代に阪急ブレーブスを常勝球団に育て上げた西本幸雄[9]は、和歌山中時代に対戦した嶋を「球が見えないいんや。とにかくかすらない。それくらい彼の球は本当に速かった」と述懐している。

嶋はその後、明治大学に進学。海軍に入隊し、１９４５（昭和20）年３月29日に乗っていた船がベトナム沖でアメリカの潜水艦に撃沈され、24歳の生涯を閉じている。

◉地方予選の最中に中止された中等野球

１９４１（昭和16）年の第18回選抜大会の準決勝、岐阜商対兵庫・滝川中（現・滝川高校）戦

で、滝川中のエース、別所昭（後に毅彦）(10)が話題になった。左腕を骨折しながら延長14回を投げ抜き、1対2で敗れたのだが、その不屈の敢闘精神が観る者に感動を与えたのである。

この時期は、すでに日中戦争は泥沼化の様相を呈し、日米開戦止むなしの声もささやかれ始めているときだっただけに、怪我を圧しての別所の奮闘は「戦時下にふさわしい、国民の手本となる敢闘精神の具体的な見本」として、新聞は「泣くな別所、選抜の花だ」（大阪毎日新聞神戸版）の見出しでその健闘をたたえた。

この年の1年前の1940（昭和15）年、春の第17回選抜大会の入場行進曲は『紀元2600年奉祝歌』(11)に替わっていた。同じ年の夏の大会は「全日本中等学校体育競技総力大会」と銘打たれ、陸上競技、テニスなど他の競技8種目の一部として行なわれた。

そして翌1941年春の選抜大会を最後に、甲子園への道は閉ざされる。7月12日に学徒の全国的な行動を禁止する文部省次官通達が出され、全国中等学校優勝野球大会は、すでに始ま

(9)西本幸雄…1920～2011。和歌山県出身。立教大から社会人野球を経て、毎日オリオンズに入団。引退後は阪急の監督として1967（昭和42）年からの7年間で5度リーグ優勝を飾るも、日本シリーズでは川上哲治率いる巨人にすべて敗れる。近鉄監督時代も日本一には届かず、「悲運の名将」と呼ばれた。
(10)別所毅彦…1922～1999。兵庫県出身。日本大中退後、南海に入団するも、巨人へ引き抜かれ、エースとして活躍。通算310勝。シーズン47完投（1947〈昭和22〉年）は不滅のプロ野球記録。
(11)紀元2600年奉祝歌…1940（昭和15）年に皇紀（神武天皇即位紀元）2600年を祝してつくられた国民歌。作曲は音楽教師の森義八郎。

っていた地方予選の途中で突然中止になってしまうのである。

幻の甲子園大会と最後の職業野球試合

◉ユニホームは漢字表記、試合開始のサイレンは進軍ラッパ

夏の全国中等学校優勝野球大会の突然の中止が宣告された5か月後、日本はアメリカとの戦争に突入した。ハワイ真珠湾への奇襲攻撃で大勝を収め、国中が戦勝気分に沸いていた1942(昭和17)年、夏の中等野球大会は国民の士気高揚の意味もあって、前年に続いて開催される。ただし、「断り書き付き」だった。開催の大義は「国民精神の鼓舞(こぶ)」。つまり戦意の高揚である。主催は朝日新聞社でも中等学校野球連盟でもなく、文部省とその外郭団体である「大日本学徒体育振興会」に替わっていたので、正式名称は「全国中等学校錬成野球大会」となった。開催地は甲子園球場。期間は8月23日から29日までの7日間。「全国中等学校優勝野球大会」としては行なうことができず、朝日新聞社が「大会の回数継承」と「優勝旗の使用」を申し入れたが、文部省に却下されている。この大会が〝幻の〟といわれる所以(ゆえん)である。

各地域から勝ち上がったチームは22校から16校に減らされた。期間中、スコアボードには「勝って兜(かぶと)の緒をしめよ　戦い抜こう大東亜戦(12)」のスローガンが掲(かか)げられた。中等野球が国民の戦意を高めて戦争を完遂(かんすい)するための、一種のプロパガンダとして利用されたのだ。

もちろんユニホームは漢字表記（職業野球で巨人軍の選手が戦闘帽をかぶって左の胸に「巨」の1文字が入ったユニホームを着ている写真が有名）。試合で使われていたサイレンは進軍ラッパに替わり、勝利した学校の校歌斉唱も認められなかった。

さらに野球は敵性競技[13]との見地から「打者は球をよけてはいけない」「球に当たっても死球にはならない」「出場選手は9人のみ」と、「敢闘精神」と「少数精鋭」を是とするような独自のルールも取り入れられたのだった。いまから考えれば笑止千万なのだが、当時は大真面目だったのである。

この大会の決勝戦は、延長11回裏、徳島商の林信一が京都・平安中の富樫淳から四球を選び、押し出しで8対7のサヨナラ勝ちを収めている。優勝を飾った徳島商に渡されたのは1枚の賞状のみ。後日、「智・仁・勇」の3文字が書かれた小旗が届いたが、1945（昭和20）年の徳島大空襲で焼失してしまっている。

◉野球ファン最後の砦「職業野球」もついに中止に

端から見れば、この非常時に野球などやっている暇などない、と思われるかもしれないが、

(12) 大東亜戦争…1941（昭和16）年12月8日、アメリカ、イギリスへの宣戦布告で始まった戦争。現在は「太平洋戦争」と呼ばれるが、当時の日本の指導者層はこの名称を使った。

当事者たちはそうは思っていない。職業野球も同様で、球団の合併、譲渡、新規参入など、親会社の都合で顔ぶれは目まぐるしく変わったが、1944(昭和19)年1月3日に戦時下らしく「日本野球連盟」を「日本野球報国会」にあらためて、リーグ戦の開催を維持していた。

日本の敗戦がなかば決定的となり始めたこの年も、4月3日に春季リーグ戦が開幕した。職業野球は、選手の多くを戦場に駆りだされ、残った選手数は全6球団合わせて74人しかいなくなっていた。試合は土日のみ。平日の選手たちは、軍需工場や親会社で働いていたのである。6月1日、春季リーグ戦は阪神と巨人の同率首位で終了する。

しかし、「もうこの先、野球はできなくなるかもしれない」と真剣に考えた関係者のあいだから「その前に東西対抗戦を」と切実な声が上がり、具体的な話がまとまった。東西対抗戦は、6月24日から26日まで西宮球場で開催され、7月1日からは4回戦総当たりの優勝戦が始まり、8月14日に阪神の優勝で幕を閉じた。

すでにこの年の6月16日未明には、福岡県の八幡製鉄所が米軍のB-29爆撃機による最初の本土への空襲を受けていたし、7月には1か月近く続いたサイパン島での攻防も、日本の玉砕(全滅)でアメリカ軍が勝利していた。

10月23日にはオーナー会議が開かれ、職業野球の中断を決定。11月13日には「日本野球報国会」は正式に一時休止を発表。各球団は解散を余儀なくされたのだった。

伝説的な強打者で初代のミスタータイガースと呼ばれた藤村冨美男は戦後、この時代を振り返って次のように語っている。「戦闘帽や野球用語の日本語化でとても野球をやるムードではなかった。意地でやっていたようなものだった」――。

戦火のさなか、甲子園球場も軍用エリアに

◉海浜リゾートは軍需工場に変貌

職業野球は休止を宣言し、各球団は解散してしまった。それでも野球好きは簡単にはあきらめない。

1945（昭和20）年1月1日から関西の球団だけで「関西正月大会」が開催された。会場は1日、3日、5日が甲子園球場、2日と4日が西宮球場。阪神は産業（中日新聞社が理化学研究所に預けた球団。後に中日ドラゴンズへ）と「猛虎軍」を結成し、阪急は朝日（大東京軍。後の松竹ロビンスから現・横浜DeNAベイスターズへ）と「隼軍」と名乗った。

5日間連続ダブルヘッダーで8試合が敢行され（空襲で中止された試合もあった）、「猛虎軍」が7勝を収めている。この1月5日の試合が、戦時におけるプロ野球の実質的な最終戦だった

(13)敵性競技…「野球は敵国アメリカの国技であるから好ましくない」という価値観。敵国の文化や言語を排除する排外主義の表れ。

（『プロ野球「経営」全史』中川右介著、日本実業出版社より）。

よくもここまで頑張ったものだと感心してしまうが、すでに甲子園エリアは軍部から目をつけられており、着々と「軍需施設」への転換が図られていたのである。１９３０（昭和5）年、武庫川の河口近くの鳴尾村に、川西機械製作所（現・新明和工業）の飛行機部として独立した「川西航空機株式会社」の工場が移転。「鳴尾製作所」を開設したのがそもそもの始まりだった。

川西航空機は軍用機開発で海軍と密接な関係があり、とくに大型飛行艇[14]の開発を進めていった。後に当時世界最高の性能を誇るといわれた傑作機「二式大艇」をはじめ、飛行艇以外でも、太平洋戦争末期にはゼロ戦をしのぐ性能といわれた「紫電改」[15]など、技術的な評価が高かった航空機メーカーである。

海に面した広大な土地が海軍の目に留まったとみえ、１９３８（昭和13）年には鳴尾製作所は海軍の管理工場となった。戦況が不利になってきた１９４３（昭和18）年には、隣接していた鳴尾競馬場と鳴尾ゴルフ倶楽部の土地も軍に接収され、川西航空機の工場に隣接する「鳴尾飛行場」の用地として使用される。これらの飛行場は、製造した軍用機を日本各地の基地に納入するために必要だった。

このころの鳴尾村は、それまでののどかなリゾート地から「軍需村」に大きく姿を変えていた。学徒動員や徴用された朝鮮人も含め、このエリアで働く人の数はおおよそ6万人ほど。１

943年11月21日に開通した現在の阪神電鉄武庫川線は、彼ら工場労働者と資材を運ぶために敷設された「軍需路線」だった。

◉甲子園のシンボル「大鉄傘」も消えた

何事も軍事が優先される時代になったので、甲子園球場ものんびり構えてはいられなくなった。川西航空機が製造した飛行機の整備エリアとして使われるようになったほか、外野は軍用トラックの駐車場、レフトスタンドはベアリング工場、ライトスタンドは、職能の実務教育と軍事教練を併せ持つ阪神「青年学校」となった。

三塁側アルプススタンドの下の温水プールは潜水艦のソナー（音波探知）装置を開発するための水中音波研究所になり、一塁側アルプススタンド下の体育館は川西航空機の倉庫として使われるようになっていた。

1943年3月18日、「戦時行政特例法」が公布され、金属回収の徹底が図られる。甲子園球場を代表する大鉄傘はどうやら以前から目をつけられていたようで、お寺の鐘から一般家庭

(14)飛行艇…水面離発着ができる機体のうち、胴体部分が水面に接するように設計された飛行機。「二式大艇」は「空飛ぶ戦艦」の異名を持っていた。

(15)紫電改…戦闘機「紫電」の二一型以降の名称。日本海軍で実用された最後の戦闘機。

大鉄傘が撤去された甲子園球場(1948年撮影)

の鍋釜に至るまで供出させようとする軍の方針の格好の「宣伝材料」に使われた。

大鉄傘の取り外しは8月6日から徐々に始まり、8月19日には工事が本格化した。前日の18日までは職業野球の阪神―名古屋戦がくり広げられていたからだ。この日の試合は大接戦で、0対0での9回裏に、藤村冨美男の打った三塁ゴロが本塁への悪送球となって阪神が劇的な勝利を収めたのだが、その翌日からスタンドは鉄板置き場に変わってしまったのである。

解体作業は11月中旬まで行なわれ、100トン余りの鉄は神戸製鋼に9万円で売却されたという。

この時期、かつてはスポーツとレジャーの「一大王国」を誇った甲子園にその面影(おもかげ)は残っていなかった。海辺につくられたレジャー用の「ビーチプール」、水族館と動物園が人気だった「阪神パーク」、そして「甲子園国際庭球場」などのすべては閉鎖されてしまっていた。球場をはじめとする甲子園のランドマーク的な存在としてそびえ立っていた、1928(昭和3)年建立(こんりゅう)の阪神電鉄初代社長、外山脩造の銅像も金属回収のため台座だけになっていた。

そして、1945（昭和20）年になると、いよいよ日本全体が深刻な食料不足に陥り、ついに内野は芋畑になってしまうのである。球場の各部屋は軍人や軍属に占有され、ほぼ軍の施設と化した。

そんななか、終戦目前の8月5日から6日未明にかけ、都合5度目の西宮大空襲に見舞われる。米軍爆撃機が落とした焼夷弾によって、一塁側アルプススタンドから外野にかけては火事になり、濃緑色に茂っていた自慢の蔦もすべて焼け焦げてしまったのだった。

戦後の復興とともに中等野球大会が復活

◉進駐軍に接収された甲子園

1945（昭和20）年5月11日から8月6日の未明まで、都合5回にわたった「西宮大空襲」の被害は死者637人、重軽傷者2353人、全焼全壊家屋1万5300戸、被災者6万6500人余（総務省『各都市の戦災の状況』より）という膨大な数だった。その10日後の8月15日、日本はポツダム宣言(16)を受諾し、アメリカをはじめとする連合国に無条件降伏を表明するのである。

(16)ポツダム宣言…1945（昭和20）年7月26日、ドイツのポツダム市に集まったイギリス、アメリカ、中華民国の政府首脳の連名で日本に発した全13か条の宣言。正式名称は「日本への降伏要求の最終宣言」。後にソ連も追認。

終戦から50日を経過した10月5日、阪神電鉄の職員が一生懸命に芋畑を元に戻していた甲子園球場に、突然アメリカ軍の将校がジープに乗ってやってきた。この日から甲子園球場はアメリカを中心とする連合国占領軍に接収されたのだった。

一塁側2階は兵士たちの食堂とバー、1階の食堂はPX（軍隊内の売店）、貴賓室は司令部、スタンド下の通路には兵士用の簡易ベッドが置かれた。やがて、球場の周りには、昼間はチューインガムやチョコレート目当ての子供たちが、そして夜は女性たちが集まってくるようになった。典型的な終戦直後の日本の風景がここでも見られたのである。

米兵たちの日常を遠巻きに見ていた日本人は、彼らの明るさが意外だった。そもそもスポーツが大好きで、グラウンドではソフトボールやフットボール、一塁側アルプススタンド下の倉庫として使われていた体育館ではバスケットボールに興じている。やはり、スポーツは敵味方の垣根を越えた全世界共通のエンターテインメントだったのである。

◉戦後の日本統治にも中等野球が利用された

翌1946（昭和21）年、中断していた全国中等学校優勝野球の第28回大会が再開された。1940（昭和15）年以来6年ぶりの全国大会の復活である。

しかし、当時「進駐軍」と呼ばれたアメリカ中心の連合国占領軍に接収された甲子園球場は使えない。そのため、8月15日から21日まで行なわれた戦後最初の全国中等学校優勝野球大会は、阪急の西宮球場が会場になったのである。

この大会、占領軍の中心だったアメリカはとても協力的だった。開会式ではGHQ（連合国軍最高司令官総司令部）武官の祝辞が読み上げられ、空では米軍機が超低空での祝賀飛行を見せて盛り上げた。戦前からの日本の野球熱を熟知していたGHQは、戦後の日本統治をスムーズに進めるために、一般市民の関心が高かった野球、とりわけ中等野球を最大限に利用したものと思われる。

その証拠に、翌1947（昭和22）年の3月30日、この年からスタンドの一部とグラウンドが開放された甲子園球場で5年ぶりに再開された春の選抜中等野球大会の開会式でも、アメリカ軍は大会の盛り上げに一役買った。軍楽隊の演奏だけにとどまらず、始球式のボールを飛行機からグラウンドに落とすパフォーマンスも演じたのである。

ちなみにGHQは「中等学校の全国レベルの野球大会は1つでいい」と提案してきたが、春の大会は「選抜大会で全国大会ではない」との詭弁で何とかくぐり抜け、現在に至っている。

復活したのは野球だけではなかった。選抜大会が終了したすぐ後の4月13日にはアメリカンフットボールの「第1回甲子園ボウル」が開催された。戦前に行なわれていた東西対抗戦の流れで、慶應義塾大対同志社大戦が約700人の観衆を集めて実施され、東の慶應義塾大が45対

０で同志社大を退けている。

さらに、その５日後の４月18日には職業野球も甲子園球場で再開された。対戦カードは阪神対太陽（ロビンス、後に松竹から大洋を経て横浜DeNAへ）、南海対阪急の２試合だった。

◉「ラッキーゾーン」の誕生でホームランが倍増

戦争が終わった反動からか、日本は急速にアメリカナイズされていった。国家と軍による上からの〝重石（おもし）〟が取り除かれた一般市民は、体と精神を鍛える戦前・戦中の「体育」からエンターテインメントとして楽しむ「スポーツ」に価値観を求めるようになっていったのである。

野球でのその象徴がホームランだ。ランニングで稼ぐ本塁打ではなく、球場の柵（さく）を越えるホームラン。「本塁打のない野球なんて面白くない」というわけで、観客もそして球団も球場側も「わくわくする」娯楽性を重要視するようになったのである。

柵越えのホームランが出やすくする方法は、球場を狭くするのが手っ取り早い。しかし、狭過ぎては面白味に欠ける。そこで思いついたのが、外野のフェンスを前に出す方策。和製英語「ラッキーゾーン」の誕生だった。

阪神電鉄は、他球場にくらべて本塁打率が低かった甲子園球場に、日本で初めてこの「ラッキーゾーン」を設けたのである。甲子園球場で職業野球が再開された翌月、５月26日のことだった。左右両翼は110メートルのままだったが、左右中間は128メートルから108・5メートルと大幅に縮小され、柵には「LUCKY ZONE」と書かれたパネルが張り付けられていた。

この年、夏の中等野球も7年ぶりに甲子園に戻ってきた。翌1948（昭和23）年の第30回大会は学制改革により、旧制中学が新制高校となって初めての大会となった。名称は「全国中等学校優勝野球大会」から「全国高等学校野球選手権大会」にあらためられた。これをきっかけに大会の歌が公募され『栄冠は君に輝く』（作詞・加賀大介、作曲・古関裕而）に決まった。大会の優勝校は前年の福岡・小倉中あらため小倉高。後に野球殿堂入りする福嶋一雄投手[17]が5試合すべて完封で、史上5度目の連覇を達成した。福嶋投手の「45イニング連続無失点」は、1939（昭和14）年の第25回大会で和歌山・海草中の嶋清一が打ち立てた大会記録と並ぶ偉業で、現在でも高校野球史に燦然と輝いている。

一方、春の中等野球は同年、「選抜高等学校野球大会」と改称して現在に至っている。

こうして復活した野球は、プロも学生も社会人も含めて日本国民のナショナルパスタイム（国民的娯楽）となり、高度経済成長時代に突入していくのである。

(17)福嶋一雄…1931〜2020。静岡県出身。早稲田大から八幡製鉄（現・日本製鉄九州製鉄所）に進み、社会人野球で活躍。

高校野球の応援に なんとゾウが登場!

戦後は、軍国主義から一転して民主主義の世の中になり、すべての価値観が大きく変わってしまったが、高校野球の応援風景も例外ではなかった。

戦前のバンカラ一辺倒から、ブラスバンド、人文字、果てはチアガールと、バラエティに富んだものに変化していった。

1951(昭和26)年春の第23回選抜大会で準優勝した地元兵庫県の鳴尾(現・県立鳴尾高校)は、なんと学校近くの阪神パークにいたゾウ1頭を借りてきて、グラウンドを練り歩いた。

ゾウの上には羽織(はおり)、袴(はかま)、学帽姿に襷掛け(たすきがけ)の応援団長がまたがり、校旗を振りながらアルプススタンド前をのっしのっしと練り歩いている写真が、西宮市のホームページ「西宮流(にしのみやスタイル)」に掲載されている(2008〈平成20〉年6月10日)。ゾウの腹には「阪神パーク」と書かれた布もかけられていた。

ちなみに、このゾウは阪神パークが閉園(2003〈平成15〉年)したときに千葉県の「市原ぞうの国」に移された2頭、アキ子とキク子のうちのアキ子のほうではないかといわれている。

戦後は、たしかに戦前とは打って変わって「自由」が許される時代になってはいたが、ここまでやるほど、当時の高校生は元気だったのである。

MLBのスーパースターとハリウッド女優がやってきた

1954(昭和29)年2月15、16日の両日、セ・リーグが共同コーチとして招いたMLBニューヨーク・ヤンキースのフランク・オドール監督と56試合連続安打のMLB記録を持つジョー・ディマジオが、各球団の選手を集めて指導を行なった。

このとき来日したディマジオだが、じつは女優のマリリン・モンローとの新婚旅行を兼ねていた。

どこに行っても2人はぴったり寄り添い、寒風(かんぷう)吹きすさぶ甲子園球場でも、モンローは金髪を風になびかせながら、夫の「仕事」を見ていたという。

2日間、ディマジオの指導を受けたタイガースの選手たちは、教わった技術以上に〝ナマ〟のモンローを見た喜びのほうがはるかに勝(まさ)っていたらしく、口々に「モンローはすごくきれいだった」と話していたそうだ。

ちなみにこの2日間、甲子園球場に取材に駆けつけた記者は、スポーツ担当記者よりも芸能担当の記者のほうが圧倒的に多かったという。

来日中、日本の記者の質問は、アメリカを代表するスーパースターであるディマジオよりもモンローのほうに集中し、ディマジオはプライドを傷つけられてしまう。日本滞在中も喧嘩(けんか)が絶えず、2人の結婚生活はわずか274日で終わりを迎えた。

5章 ◉1951年〜1964年 経済は成長し、野球人気も沸騰

復興の象徴、プロ野球オールスターゲーム開催

◉阪神の「寝返り」でプロ野球は2リーグ制へ

太平洋戦争が終わって6年目に入った1951（昭和26）年9月8日、サンフランシスコ平和条約(1)が締結され、日本は主権を回復した。同時に、この年は野球界にとっても、そして甲子園球場にとってもエポックになった年でもあった。

まず、7月4日に、戦前から行なわれていた「東西対抗戦」を発展的に解消して、新たに「オールスター戦」が初めて開催された。合計3戦。第1戦の会場は甲子園球場だった（第2戦、第3戦は後楽園球場で開催）。

職業野球（以後はプロ野球）は、1949（昭和24）年11月26日に、それまでの1リーグから2リーグに分裂している。現在のセントラル・リーグとパシフィック・リーグはこのときに誕

生したのだった。

この日は、日本野球連盟（戦中の「日本野球報国会」から元に戻る）の顧問・代表者会議が東京・丸の内の東京會舘で開かれていた。1リーグ10球団制から2リーグ12球団制へと構想の舵を切った正力松太郎率いる巨人は、太陽（ロビンス）、中部日本と同調。片や現状の1リーグ維持派は、関西の私鉄系と東京の映画系を中心とした阪急、阪神、南海、大映、東映という顔ぶれだった。

しかし、ここで阪神が在阪私鉄グループを〝裏切って〟巨人側に付いたのである。どうやら、巨人の四方田義茂代表が阪神の富樫興一代表を「宴会攻めにしてセントラルに寝返るように懐柔した」（『プロ野球「経営」全史』中川右介著、日本実業出版社より）らしいのである。

この会議の席上、セントラル側は突然「我々はセントラル・リーグとします」と宣言した。自分たちこそ「プロ野球の〝中心〟（セントラル）である」という主張だった。即座に阪急が発言する。「それでは、我が方は太平洋野球連盟とします」。広く世界（太平洋＝パシフィック・オーシャン）に「門戸を開放していますよ」との意味である。

こうして今日まで続いているセ・リーグ、パ・リーグの体制が形づくられたのだった。そし

(1)サンフランシスコ平和条約…日本と連合国48か国のあいだで結ばれた平和条約。この条約締結により、日本とアメリカをはじめとする連合国とのあいだの「戦争状態」が終結した。

て、この2リーグ制の実現により、冒頭のセ・パ対決型の「オールスターゲーム」が実現するのである。

◉豪華な顔ぶれが勢ぞろいした「夢の球宴」

じつは、プロ野球は1リーグ時代までは勝ったチームがおのずと強くなるようなシステムだった。1950年のプロ野球の総入場者数は459万9000人、日本野球連盟の売り上げは4億1397万円、純益金は7774万円だった。球団ごとの配分はゲームに勝ったチームが7割、負けたほうは3割という弱肉強食のシステムだったのである。

『プロ野球「経営」全史』によると、球団別の収入はトップの巨人が1456万5247円、次いで阪神の1080万5560円、3位は南海で、しんがりの太陽は777万1668円と、巨人の半分ほどにしか過ぎなかった。

これでは、弱い↓負ける↓収入が少ない↓補強できない↓ますます弱くなる↓また負ける……という負のスパイラルに陥る(おちい)のは当然で、2リーグ分裂の裏にはこのような事情が存在していたのである。

というわけで、1950（昭和25）年からのプロ野球は、セ・リーグが巨人（ジャイアンツ）、大阪（現・阪神＝タイガース）、中日（ドラゴンズ）、松竹（元・太陽＝ロビンス）、大洋（ホエールズ）、広島（カープ）、国鉄（スワローズ）、西日本（パイレーツ）の8球団。

パ・リーグは阪急（ブレーブス）、近鉄（パールス）、南海（ホークス）、東急（フライヤーズ）、大映（スターズ）、毎日（オリオンズ）、西鉄（クリッパース）の7球団。合計15球団が、それこそあっという間に誕生したのである。

話を甲子園球場での「オールスターゲーム」に戻す。この一戦では、当時の一流人気選手による白熱した戦いがくり広げられた。オーダーは全セが、1番・青田昇(2)、2番・千葉茂(3)（ともに巨人）、3番・岩本義行(4)（松竹）、4番・藤村冨美男（大阪）、5番・川上哲治（巨人）、6番・小鶴誠(5)（松竹）……。

片や全パは、1番・飯田徳治(6)、2番・山本一人(7)（ともに南海）、3番・別当薫(8)（毎日）、4番・大下弘(9)（東急）という豪華版。

試合は2対1で全セが先勝。別所毅彦（巨人）―金田正一(10)（国鉄）―杉下茂(11)（中日）の豪華リレーで逃げ切り、MVPには1回裏の先制打を放った川上が選出された。

(2)青田昇…1924～1997。兵庫県出身。外野手。1940～50年代にかけての日本のプロ野球を代表する中距離打者。

(3)千葉茂…1919～2020。愛媛県出身。二塁手。神業といわれた流し打ちで、巨人の戦後の黄金期を支えた。

(4)岩本義行…1912～2008。広島県出身。外野手。松竹時代の1950（昭和25）年、史上初のトリプルスリー（打率3割1分9厘、本塁打39、盗塁34）を達成。プロ野球初の1試合4本塁打を放つなど「神主打法」の異名で活躍。

(5)小鶴誠…1922～2003。福岡県出身。外野手。美しい打撃フォームで、風貌も似ていることから「和製（ジョー）ディマジオ」と呼ばれた。

出場選手は、現在と同じようにファン投票で選出され、セの最多得票選手は初代「ミスタータイガース」の藤村富美男。パはこれも2年前まで阪神に在籍していた捕手の土井垣武(どいがきたけし)(12)(毎日)だった。以後のプロ野球全盛時代を大いに予感させられた一戦だったのである。

大鉄傘撤去から7年…「銀傘」として復活

◉「青天井」が解消され、甲子園らしさが戻ってきた

1951(昭和26)年の甲子園球場におけるもう1つのエポックは、大鉄傘の復活である。鉄傘が新しくなったのは、プロ野球のオールスター戦が成功裏に終わった1か月後の8月12日。第33回の全国高等学校野球選手権大会が開幕した日だった。7年間「青天井」が続いた甲子園球場の内野スタンドに屋根が架けられたのである。やっと生活が落ち着き始めてきた日本を象徴するかのような、ささやかな〝贅沢〟が実現したのだった。

屋根の素材は7年前に強制的に撤去させられた鉄ではなく、新しい時代にふさわしい軽合金のジュラルミン。川崎重工製のこの金属は航空機の機体などに採用されている軽量かつ高い強度が特長で、その太陽を浴びてキラキラと光り輝くまぶしい外観から、誰からともなく「銀傘」と呼ばれるようになった。

8333万円をかけて新調したこの「銀傘」は、当初の「鉄傘」よりもひと回り小さく、覆うことができたのはネット裏と一、三塁側内野席の半分だけだった。アルプススタンドまでを覆う「大鉄傘」時代と同じサイズの大屋根になるのは、2025（令和7）年の大阪・関西万博終了後まで待たなければならないのだが、それでも甲子園の「らしさ」の1つは確実に戻ってきたのである。

◉現在の4代目は発電も可能

「銀傘」は「大鉄傘」から続く甲子園を語るうえでの重要なレガシーの1つである。基本的なコンセプトを維持しながら、少しずつ改良を加えて今日に至っている甲子園球場の「方向性」は、このように古いものをまったく新しい「別物」には簡単に取り換えないのだ。

1982（昭和57）年に、この「銀傘」はアルミニウム合金製に換えられ、さらに2009（平

(6)飯田徳治…1924〜2000。神奈川県出身。一塁手。温厚な人柄で「仏の徳さん」と呼ばれた。
(7)山本一人…1916〜2003。広島県出身。外野手。後に改姓し、鶴岡一人。南海の黄金期を築いた名監督。
(8)別当薫…1920〜1999。兵庫県出身。外野手。阪神時代、藤村冨美男とダイナマイト打線の中核を担う。
(9)大下弘…1922〜1979。兵庫県出身。外野手。終戦後、「赤バット」の川上哲治、「物干し竿」の藤村冨美男とともに「青バットの大下」として一世を風靡した強打者。
(10)金田正一…1933〜2019。愛知県出身。投手。国鉄、巨人で活躍。日本プロ野球史上唯一の400勝投手。
(11)杉下茂…1933〜2019。東京都出身。投手。日本プロ野球初の本格的なフォークボールの使い手として活躍し、「フォークボールの神様」と呼ばれる。投手コーチとしての評価も高く、晩年まで後進の育成に尽力した。
(12)土井垣武…1921〜1999。鳥取県出身。捕手。強肩・強打、強気のリードで投手陣を引っ張った。

太陽光パネルが設置されている４代目「銀傘」

成21）年にはガルバリウム鋼板に置き換えられているので、現在の「銀傘」は都合4代目になる。

ガルバリウム鋼板は第2章の脚注（55ページ参照）でも説明しているように、錆びにくく、耐用年数が長い優れもの。メーカーは「淀川製鋼（ヨドコウ）」で、オリックス・バファローズの本拠地・京セラドームの波を打ったような独特の屋根も手がけている。京セラドームは、ご存じのように高校野球開催時には阪神が使用できる「準本拠地」球場でもある。

この「銀傘」の上には２０１０（平成22）年3月1日のリニューアル時に合わせて太陽光パネルが設置された。これにより、年間、約1万９３００kW／hの発電が可能になった。これは甲子園球場で行なわれるプロ野球ナイトゲーム開催時に照明で消費される電力の約2倍に相当する。

「銀傘」の効果は、現在では単なる日除けだけではない。基本の姿をきちんととどめながら、少しずつ形を変え、そして新しい時代にふさわしい役割も担わせているのである。

さらに、前述したように２０２５年以降には、高校野球の暑さ対策の1つとして、この「銀傘」がアルプススタンドまで拡張。「大鉄傘」時代と同じ大きさの屋根に戻す計画も進んでいる。

ちなみに、高校野球で試合開始と終了を知らせ、シートノック時には16秒間鳴り響く、あの独特なモーターサイレンは、「銀傘」の屋根の下中央部に設置されている。

このように、戦後も6年が経過すると急速に新しいものが取り入れられるようになってきた。日本が少しずつ豊かになり始めてきた証左だった。

そして、その最大の変化が高校野球のテレビでの実況中継だった。甲子園に「銀傘」が復活した2年後の1953（昭和28）年。夏の第35回全国高校野球選手権大会をNHKが初めて生中継したのである。NHKがテレビの本放送を開始したのはこの年の2月1日。そのわずか半年後には、高校球児たちの一挙手一投足が映像になってお茶の間で見られるようになったのだった。

「甲子園」はそれだけ、一般の国民が最大級の関心を寄せているスポーツ・エンターテインメントだったのだ。

テレビ中継が開始され、高校野球人気は絶大なものに

◉土佐高校が、はつらつプレーで注目の的に

生の映像がリアルタイムでお茶の間に届くテレビの実況中継は、単なる勝ち負け以外の風景

を映し出してしまう。選手の一挙手一投足、応援のスタンド、ベンチの喜怒哀楽、そして高校野球が醸し出す、独特の全体的雰囲気までも、知らず知らずのうちにお茶の間の視聴者に伝わってしまうのである。

それが一般の視聴者にとっては「新発見」になり、人気の要因となって人口に膾炙していく。このあたりに、テレビの持つ楽しさと、同時に恐ろしさが潜在しているように思える。

１９５３（昭和28）年夏。テレビ中継が始まったばかりの第35回全国高校野球選手権大会で注目を一身に集めたのが、南四国代表の土佐（高知）だった。

甲子園初出場となった前年春の選抜大会では１回戦で八尾（大阪）に０対５で敗退。５か月前の春の選抜大会では１回戦こそ早稲田実を６対０で下したものの、２回戦で銚子商（千葉）に０対３で敗れ、早々に姿を消した――つまり、下馬評では無名に近かったこの私立の進学校が、この年の夏、あれよあれよというまに勝ち進んでいったのだ。

初戦の２回戦で金沢泉丘（石川）に15対３で快勝。続く準々決勝では強豪の浪華商（現・大阪体育大学付属浪商高校）に３対０、さらに準決勝では、これも古豪の中京商を６対０と一方的に下して、初めての決勝進出を果たしたのである。

一般の高校野球ファンはいつの時代も判官びいきである。抜きん出たスタープレーヤーもいない、このアンダーシャツまで真っ白なユニホームに身を包んだチームの特徴は「足」。持ち味の機動力がなんとも小気味よかったのだが、同時にナインのグラウンドでのマナーの良さが視聴者を釘づけにしたのである。

攻守交代時の全力疾走に代表される一つひとつのきびきびした動作は、文字通り高校野球の「手本」として、たとえていうなら炎天下の甲子園に吹く一陣の涼風のようにさわやかな存在だった。

土佐は決勝で同じ四国の松山商(愛媛)と対戦する。試合は1点を争うクロスゲーム。6回裏、土佐は一死三塁のチャンスに、持ち前の足を生かしたスクイズを仕掛けた。しかし、頭からホームに突っこんだ三塁走者は惜しくも憤死。結局2対3で敗れ、準優勝に終わった。

それでも、テレビの画面では、はつらつとしたプレーを見せる土佐のナインが間違いなく「主役」だった。決勝で敗れはしたものの、一躍全国的な関心が高まり、「優勝旗なき優勝」などと、最大級の賛辞が贈られたのである。

高校野球の「名勝負」を記憶にとどめている人の多くは、このようにテレビで観戦した「あの時」のシーンが頭にこびりついているケースがほとんどなのではないだろうか。

◉国民をテレビに釘づけにした延長18回の激闘

テレビでの実況放送が始まって5年後の1958(昭和33)年夏の第40回選手権大会で、球史に残るドラマがテレビ桟敷を席巻した。

8月16日に行なわれた準々決勝第4試合の徳島商（徳島）対魚津（富山）戦は、徳島商・板東英二[13]、魚津・村椿輝雄の壮絶な投手戦となった。

16時25分に始まった試合は、板東が25三振を奪う力投、片や村椿も18回を7安打に抑える好投で、スコアボードには0が並ぶ。

そしてついに、この大会から制定された「延長18回引き分け再試合」の適用第1号となったのである。試合終了は20時3分。3時間38分の死闘に、翌日の再試合には多くの人がテレビに釘づけになった。結局、徳島商が3対1で勝利し、準決勝に駒を進め、2日間にわたる死闘は決着がついた。

日本じゅうの人たちがテレビに釘づけになった試合といえば、1969（昭和44）年8月18日、夏の第51回選手権大会の北四国代表・松山商（愛媛）対北奥羽代表・三沢（青森）の決勝戦も高校野球史に輝く名勝負である。

三沢・太田幸司[14]と松山商・井上明の投手戦は、すでに試合開始から0対0のまま4時間近くが経過していた。

延長15回裏、三沢が一死満塁のチャンスを迎える。9番打者の立花五雄に対して井上はスクイズを警戒して3球連続のボール。三沢は勝利まであと1球。

このとき、ほとんどの人は真紅の大優勝旗が初めて東北に、それも青森県にやってくるものと信じて疑わなかった。

4球目。ストライク。5球目は低めに外れそうな山なりの球。押し出しでのサヨナラで優勝かと一瞬喜んだ立花が一塁に向かって歩きかけたが、これがストライクの判定。

6球目。立花の打球は、井上の横に飛ぶ。井上はボールに飛びついたが、弾いてしまう。ところが、ライナーだと思ったのか、三塁走者の菊池弘義のスタートが一瞬遅れた。井上が弾いたボールを捕ったショートの樋野和寿は迷わず本塁に送球して、フォースアウト。

そして、次の打者の八重沢憲一もセンターフライに打ち取られ、三沢が片手をかけていた優勝旗は、するりと逃げていってしまったのである。

私事で恐縮だが、この日、筆者は大学2年で、実家の青森市に帰省し、テレビを観ていた。夕方、地元のテレビ局のニュースは、文字通り人っ子1人いない青森市の繁華街・新町通りの映像を流していた。

(13)板東英二…1940〜。満州出身。投手。徳島商卒業後、中日に入団。プロ11年間で通算77勝を挙げる。現役引退後はタレントとして活動。

(14)太田幸司…1952〜。青森県出身。投手。三沢高校卒業後、近鉄に入団。プロ15年で通算58勝。現在は解説者のほか、日本女子プロ野球機構のスーパーバイザー。

◉「アイドル対決」の放送打ち切りが完全中継の契機に

当時のＮＨＫの高校野球中継は、原則として総合テレビのみで、時間も18時までと決められていた。しかし、１９７４（昭和49）年８月17日に行なわれた第56回選手権大会準々決勝、東海大相模（神奈川）対鹿児島実業（鹿児島）戦は延長戦にもつれこみ、すでに放送時間を大幅に超えていた。

さすがのＮＨＫも、19時からの定時ニュースを前に、18時54分で放送を打ち切ったのだが、中継が終わるや否や、視聴者からの苦情の電話がＮＨＫに殺到した。結局、試合は延長15回、5対4で鹿児島実業が勝利を収めた。ちなみにこの試合は、東海大相模の三塁手、原辰徳（はらたつのり）⑮と鹿児島実業のエース、定岡正二（さだおかしょうじ）⑯のいわゆる「アイドル」同士の対決でもあった。

ＮＨＫは翌１９７５（昭和50）年の第57回大会から、教育テレビ（現・Ｅテレ）と連携したリレー中継を実施することになり、今日に至っている。テレビ実況中継はそれほど影響が大きかったのである。

ナイトゲームを彩った〝カクテル光線〟

◉白とオレンジの光線は日本が編み出した優れもの

「ナイター記念日」という日がある。８月17日が、その日である。１９４８（昭和23）年、連合軍（進駐軍）に接収されていた横浜の「ゲーリック球場」（その後「平和公園球場」を経て、現・横浜スタジアム）で行なわれた巨人対中日戦が、日本のプロ野球では初めてのナイトゲーム（ナイター）だったことを記念して制定された。

アマチュアを含めると、戦前の1933（昭和8）年、早稲田の戸塚球場での2軍の新人戦が初めての「夜間試合」だったとされているが、公式戦では戦後3年目のこの年に、早くもナイトゲームが実施されていたのである。

理由は集客である。当時、プロ野球では、土、日、祝日以外にも客を呼ぶためにはナイトゲーム開催が喫緊の課題だった。しかし、現実は、球団や球場には自前で照明設備を備えるだけの資金がなかったし、調達も困難だった。そもそも電力事情に余裕がなかったのである。やむを得ず「進駐軍の施設」での開催になったわけだが、阪神電鉄は後楽園球場と同様に、甲子園球場でのナイトゲーム開催計画を着々と進めていた。

それでも、甲子園球場の照明設備が完成するのは、ゲーリック球場での初ナイターから8年

(15)原辰徳…1958〜。福岡県出身。三塁手。東海大に進学後、巨人に入団。ON以降のチームを支え、6度のリーグ優勝、3度の日本一に貢献。監督としても9度のリーグ優勝と3度の日本シリーズ優勝に導く。監督在任期間17年（通算）は歴代最長。現在は読売ジャイアンツのオーナー付特別顧問。

(16)定岡正二…1956〜。鹿児島県出身。投手。高校卒業後、巨人に入団。プロ9年間で通算51勝。引退後はタレントとして活躍。

甲子園球場初ナイターを記念して行なわれた開場式（写真：共同通信社）

を経過した1956（昭和31）年4月26日まで待たなければならなかった。そして、そのこけら落としが5月12日の阪神—巨人戦に決まったのである。

この記念すべき甲子園球場初ナイターは4対1で阪神が勝利を収めている。「投げる精密機械」と称された抜群のコントロールを誇る小山（こやま）正明（まさあき）[17]が巨人打線を1点に抑え、勝利投手になっている。

この年の8月12日、夏の第38回全国高校野球選手権大会でも、できたばかりの照明塔に灯がともった。初日の第3試合、伊那北（長野）—静岡戦は、試合開始が16時37分。8回についに4基の照明塔が点灯された。高校野球では史上初の「ナイター」だった。

試合は延長戦にもつれこんだ10回表、伊那北が静岡の失策で勝ったが、負けた静岡ナインは不慣れな照明下でのゲームにも「ボールはよく見えました」と話していたという。

かつてメディアはプロ、アマを問わず、球場の照明を表現するとき「カクテル光線」という言葉をよく使っていたものだった。「いま、4基の照明塔に灯が入りました。内外野を明るく照らし出す〝カクテル光線〟のもとで……」という具合である。じつはこの「カクテル光線」の〝発祥の地〟が、甲子園球場だった。

「カクテル光線」とは、具体的には白とオレンジの2色の電球がつくり出す照明のことである。じつは他の野球場では、当初の照明は白熱電球のみで、オレンジ色の、自然光に近い光の色だった。

しかし、球場全体を照らし出すには、いささか明るさが足りない。そこで、甲子園球場では、照明塔が完成した1956（昭和31）年、白熱電球にプラスしてより明るい青白い光を発する水銀灯を加えたのである。

これはメーカーの小糸製作所が発案した世界で初めてといわれる複数の光を組み合わせる試みで、電力消費量と発熱量が少なく、なおかつ明るいという一石三鳥の優れものだった。

ちなみに、命名は完成祝賀会の席上、ある新聞記者が、小糸製作所の加藤真一会長（当時）に、手に持ったお酒が入ったグラスを見つめながら「まるで〝カクテル〟みたいですね」とつぶやいたのに、会長が「そうだね」と相づちを打ったところ、翌日の新聞に「カクテル光線、誕生」と書かれてしまったということらしい。

(17)小山正明…1934～。兵庫県出身。投手。優れた制球力から「投げる精密機械」と讃えられた。日本プロ野球歴代3位の320勝、同じく5位の290完投の記録を持つ。通算無四球試合も歴代2位。

◉「史上最高試合」の劇的な結末も照らし出した

高校野球のナイトゲームといえば、１９７９（昭和54）年夏の第61回選手権大会の３回戦、星稜（石川）対箕島（和歌山）の延長18回まで争われた、まるで予期せぬ偶然に翻弄（ほんろう）されたかのような球史に残る一戦を忘れるわけにはいかない。

試合は延長16回、先行の星稜が１点を挙げてリードする。その裏、箕島の攻撃は二死走者なし。バッターボックスに立った６番・森川康弘の打球は一塁への平凡なファウルフライ。誰もがこれでゲームセットかと思った次の瞬間、星稜の一塁手・加藤直樹が転倒してしまったのである。この年から内野フェンス際に敷かれていた人工芝の縁（ふち）に、スパイクが引っかかったのだった。

命拾いをした森川は、直後に左中間スタンドに同点本塁打を叩きこむ。そして、延長18回裏、箕島の五番・上野敬三は、一死一、二塁からレフト前にタイムリーを放って、サヨナラ勝ち。文字通り運命の女神に弄（もてあそ）ばれた筋書きのないドラマが展開されたのだった。

甲子園球場を煌々（こうこう）と照らし出す４基の照明塔のもとでくり広げられたあまりにも劇的な試合を、ノンフィクション作家の山際淳司（やまぎわじゅんじ）[18]は、角川ノンフィクション賞を受賞した短編集『スローカーブを、もう一球』（角川文庫）のなかの一編で淡々と描いている。タイトルは「八月のカクテル光線」。

この試合は、前述したようにNHKの規定で18時以降は教育テレビでリレー中継された。そしてこのときの教育テレビの視聴率は29・4パーセントを記録したのである（ビデオリサーチ調べ）。この数字は現在のEテレも含めNHK教育テレビでの歴代最高の視聴率で、現在も破られていない。

◉長足の進歩をとげている甲子園球場の照明

話を照明に戻そう。甲子園球場の照明は1974（昭和49）年に演色性(19)の高いメタルハライド灯(20)と高圧ナトリウム灯(21)の〝カクテル〟に変更。そして2008（平成20）年のリニューアル工事ではすべての照明塔が一新。それまでスタンドにせり出していた支柱がなくなり、さらに、2022（令和4）年にはすべてLEDに切り替えられた。これによって照明塔を使って文字やイラストを表示できる演出が可能になったが〝カクテル光線〟の伝統はきちんと継承されている。

(18)山際淳司…1948〜1995。神奈川県出身。ノンフィクション作家、小説家。短編『江夏の21球』はあまりにも有名。
(19)演色性…照明を照らすとき、自然光のときの色をどれだけ再現できるかを示す指標。
(20)メタルハライド灯…水銀とハロゲン化金属（メタルハライド）の混合蒸気の放電による発光を利用した照明。高輝度、省電力、長寿命が特長。
(21)高圧ナトリウム灯…ナトリウム蒸気中の放電を発光に利用した照明。ナトリウム灯とも呼ばれている。道路の照明等に広く使われた。

さて、初めて甲子園球場に照明が灯った１９５６（昭和31）年の10月には、兵庫県で開催された第11回国民体育大会で、甲子園球場が硬式高校野球の会場に選ばれた。10月30日、貴賓席には昭和天皇、香淳皇后両陛下が臨席し、高校生たちのプレーを観戦している。後にも先にも、甲子園球場に両陛下が顔を見せたのはこのときだけである。

巨人が主役の時代、脇役・阪神も奮闘した

◉先見の明があった読売グループのメディア戦略

１９５６（昭和31）年5月12日、甲子園球場で初めてのナイトゲーム、阪神―巨人戦が行なわれた2か月後、政府が発表した「経済白書」は以下の文言で締めくくられていた。曰く「もはや戦後ではない」――。

この前年の１９５５（昭和30）年、日本は敗戦から10年目にしてＧＤＰ（国内総生産）が戦前の水準を上回った。朝鮮戦争[22]の特需のおかげで、１９５４（昭和29）年11月からは、31か月に及ぶ「神武景気」[23]がすでに始まっていた。人口が増え、生産性が向上し、産業構造が１次産業から２次、３次産業へ転換していくなかで、日本経済は年平均10パーセントもの成長を続けていったのである。

このような時代を反映して、プロ野球が空前のエンターテインメント・コンテンツになって

いく。大衆化に拍車をかけたのは、１９５３（昭和28）年8月28日に開局した日本初の民間テレビ放送局、日本テレビだった。開局翌日の8月29日、同局はさっそく、後楽園球場で行なわれた巨人―阪神戦のナイトゲームを生中継でお茶の間に届けたのだった。

いま考えると、正力松太郎率いる読売新聞グループは、プロ野球とテレビと新聞を上手に連携させてグループの事業を発展させた、いわゆるメディアミックスをいち早く取り入れ、成功したことがよくわかる。要は、先見の明があったのである。

プロ野球を国民的なエンターテインメント・コンテンツになると早くから確信。そのためにはみずから強い球団をつくらなければならない。それが「読売ジャイアンツ」の巨人軍だった。

そして、その巨人の強さを最新の大衆向けメディアであるテレビで連日放送する。さらに読売新聞は巨人がなぜ強いのか、ヒーローは誰でどんな人物なのかを詳しく報道する。すでに系列下に置いた報知新聞（現・スポーツ報知）をスポーツ紙に特化させ、巨人軍の広報機関紙的な活字媒体にするなど、鉄壁のメディア戦略を築いたのだった。

(22)朝鮮戦争…第二次世界大戦後に独立し、その後分断国家となった韓国（大韓民国）と北朝鮮（朝鮮民主主義人民共和国）のあいだで１９５０年６月に勃発した国際紛争。１９５３年７月に休戦。北緯38度線付近の休戦時の前線が軍事境界線として認識され、南北２国の分断状態が続くこととなった。

(23)神武景気…高度経済成長の幕開けとなった１９５４（昭和29）年に始まる大型の好景気。日本の初代天皇（紀元前６６０年）以来の好景気という意味で名付けられた。

１９５３年から１９６４（昭和39）年までのセ・リーグの順位を見てみると、このあたりの事情が何となく見えてくる。この12年間で、優勝は巨人が８回でダントツの１位（２位２回、３位１回、４位１回）。続く２位は阪神なのだが、優勝はわずか２回（２位５回、３位４回、４位１回）。中日がその次で、優勝１回（２位４回、３位５回、５位１回、６位１回）となっている。

この現実により、プロ野球の主流はセ・リーグで、そのなかでも巨人だという〝常識〟に近いイメージが、とくに東日本の一般国民の頭に刷りこまれていったのである。

●巨人―阪神戦はなぜ、「伝統の一戦」と呼ばれるのか？

一般的に一強は、肉薄（にくはく）するライバルがいてこそ存在感がより強固になっていくのだが、そのライバルの役割を果たしていたのが「阪神タイガース」だった。12年間で２位が５回という成績がそのことを如実（にょじつ）に物語っている。阪神ファンには怒られるかもしれないが、巨人にとって阪神は、願ってもない「引き立て役」だったのである。

実際は３番手の中日も歴史が古く、そこそこの実績を残した老舗（しにせ）球団だったが、どういうわけか「伝統の一戦」の〝枕詞（まくらことば）〟は現在でも巨人―阪神戦と相場は決まっている。「東西の雄」の対決という構図が、あまりにもわかりやすいからなのだろう。

「伝統の一戦」「東西の雄の対決」。さらに、西の阪神より東の巨人が一枚上である現実を世間に知らしめた象徴的なゲームが、１９５９（昭和34）年6月25日に後楽園球場で行なわれた、プロ野球における現在のところ唯一の天覧試合だったのではないだろうか。

この試合、昭和天皇と香淳皇后が後楽園球場に来場し、バックネット裏の貴賓席で観戦した。プレーボールは19時。日本テレビとＮＨＫ総合テレビで全国に生中継された試合は、まるで申し合わせたような大接戦が展開されたのである。

先発は巨人・藤田元司(24)、阪神は小山正明。3回表、阪神は小山がみずからのタイムリーで先制。その後、5回裏、巨人は長嶋茂雄(25)と坂崎一彦(26)の連続ホームランで逆転する。しかし、阪神は6回表、三宅秀史(27)の適時打と藤本勝巳(28)の本塁打で4対2と再逆転した。

(24)藤田元司…１９３１～２００６。愛媛県出身。投手。巨人の中心投手として5度のリーグ優勝と2度の日本一に貢献。監督としても巨人を4度のリーグ優勝、2度の日本一に導いた。

(25)長嶋茂雄…１９３６～。千葉県出身。三塁手。愛称は「ミスタージャイアンツ」。同世代に活躍した王貞治と「ＯＮ砲」と並び称された。２０１３（平成25）年に国民栄誉賞、２０２１（令和３）年にはプロ野球初の文化勲章を受章。

(26)坂崎一彦…１９３８～２０１４。大阪府出身。外野手。ＯＮ時代にクリーンアップを組み、5番を任されたことも。後に東映に移籍。

(27)三宅秀史…１９３４～２０２１。岡山県出身。三塁手。俊足、強肩の守備の名手で、吉田義男と鉄壁の三遊間を構成した。

(28)藤本勝巳…１９３７～。和歌山県出身。一塁手。抜群の腕力から繰り出される本塁打が魅力だった。

(29)王貞治…１９４０～。東京都出身。一塁手。世界記録となるレギュラーシーズン通算８６８本塁打を記録。国民栄誉賞受賞者第1号。現在は福岡ソフトバンクホークスの取締役会長。

(30)村山実…１９３６～１９９８。兵庫県出身。投手。2代目「ミスタータイガース」。通算防御率のセ・リーグ記録（２・０９）保持者。背番号「11」は阪神タイガースの永久欠番。

巨人も負けてはいない。7回裏には王貞治(29)の2ランで4対4の同点に追いつくと、阪神は切り札の新人、村山実(30)をマウンドに送りこんだ。

同点のままイニングは9回に入る。時計は21時を回っていた。両陛下が観戦するのは21時15分まで。9回裏の巨人の攻撃。先頭打者としてバッターボックスに立った長嶋が、カウント2ストライク2ボールから、レフトポールぎりぎりにサヨナラ本塁打を叩きこんだのである。このとき時計の針は21時12分を指していた。両陛下の退席予定時刻のわずか3分前だった。

この試合こそ、巨人が主役で、阪神の「大物」脇役が確定した一戦だった。高度経済成長時代のプロ野球を象徴するシーンだったのである。

たしかに巨人から見れば、阪神は脇役だったかもしれないが、たとえてみれば、それは映画のクレジットタイトルでいちばん最後に1人だけで名前が出てくる「準主役」の大物俳優と同じような存在だったのではないだろうか。阪神がいてこそ、巨人は目立ったのである。

●土壇場からの9連勝で2度目のリーグ制覇を達成

1960(昭和35)年、藤本勝巳が最多本塁打、最多得点の二冠を獲得。翌1961(昭和36)年、チーム名を「大阪タイガース」から「阪神タイガース」に変更した。帽子のマークはそれまでの「O」から現在も使われている「H」と「T」を合わせたデザインに変わった。さらに、主力選手と衝突をくり返していた金田正泰がシーズン途中で監督を解任され、新たに藤本定義が就任した。

1962（昭和37）年には、1947（昭和22）年に「ダイナマイト打線」が爆発して以来15年ぶりの優勝を飾る（2リーグ制になってからは初優勝）。エースの小山正明は、シーズン13完封のセ・リーグ新記録を打ち立て、奪三振数は270。27勝11敗、最多勝率7割1分1厘で、この年の沢村賞(31)に輝いている。

守備陣は、二塁・鎌田実、三塁・三宅秀史、遊撃・吉田義男(32)による鉄壁の布陣で、小山、村山の先発二本柱とリリーフの切り札、渡辺省三(33)らの投手陣を盛り立てていた。

1964（昭和39）年、阪神はエースの小山と大毎オリオンズの4番打者・山内一弘(34)のトレードを成立させ、打撃陣の強化を図る。そして小山の穴をジーン・バッキー(35)が見事に埋める。

(31)沢村賞…その年の日本プロ野球でもっとも活躍した先発完投型の投手に贈られる特別賞。正式名称は「沢村栄治賞」。受賞者には金杯と副賞300万円が贈られる。

(32)吉田義男…1933〜。京都府出身。遊撃手。華麗かつ堅実な守備は「牛若丸」と称された。引退後は3度にわたって阪神の監督を務めた。1989年から1996年までフランス代表監督を務め、「ムッシュ」とも呼ばれる。

(33)渡辺省三…1932〜1998。愛媛県出身。投手。球は速くなかったが、打者の心理を読む投球術と抜群の制球力を売り物にした技巧派。小山、村山に影響を与えた。

(34)山内一弘…1932〜2009。愛知県出身。外野手。大毎時代に「ミサイル打線」の主軸として活躍。「打撃の職人」と呼ばれた巧打者。川上哲治に次ぐ2000本安打の達成者。

ペナントレースは、あと1勝すれば優勝という大洋を向こうに回し、最後の最後に阪神が9連勝。奇跡の大逆転で2度目のリーグ制覇を達成した。

たしかにこの時期、プロ野球は巨人中心に回っていた。しかし、阪神の存在感は巨人をもしのぐインパクトがあったように思われる。その意味でも、高度経済成長時代の阪神の活躍がなければ、プロ野球、とりわけセ・リーグのあれほどの人気はなかったといえるのではないだろうか。

時代とともに姿を変えたフェンス広告

◉外野フェンスの優勝校プレートが大会中に消えた

古い高校野球ファンの方のなかには、春の選抜大会で外野のフェンスに掲(かか)げられたプレートが記憶に残っている人がいるかもしれない。白地に黒い文字で、たとえば上から「第15回大会優勝　校章　中京商業」の横書きの文字が縦に並んだ、いわゆる看板である。

これは1932（昭和7）年の第9回大会から継続されていた、大相撲の国技館の天井近くにぐるりと展示されている優勝力士掲額を彷彿(ほうふつ)とさせるような、センバツならではの「伝統」の1つだった。

ところが、このプレートが突然外されてしまったのである。それも大会開催中に、というのだからなおさら驚かされてしまう。

1984（昭和59）年、第56回選抜高校野球大会2日目、3月27日の第1試合は春夏通じて甲子園初出場の滋賀・高島と九州の名門、佐賀商が対戦した。問題が起きたのは5回裏、佐賀商の攻撃のときだった。

この回1点を追加して4対1とリードを広げた佐賀商は、なおも無死満塁。5番の赤木新次が低めの変化球をとらえた打球は、ライナーで左中間にまっすぐ飛んでいった。多くの人の目には、ボールはワンバウンドしてラッキーゾーンに飛びこんだように映ったが、二塁塁審は右手を大きく回した。エンタイトル・ツーベース(36)のはずが、なんとホームランと判定されてしまったのである。

当然、テレビの画面で「誤審」を目撃した視聴者から大会本部に抗議の電話が殺到した。この打球をもっとも近くで見ていた高島の熊谷努左翼手も、後に「僕がいちばん近いところで見ていました。フェンスの1メートル手前に落ちて、フェンスを大きく越えていきました」と語っている（スポーツスピリットNO.31『高校野球「事件史」』ベースボール・マガジン社より）。

(35)ジーン・バッキー…1937〜2019。アメリカ・ルイジアナ州出身。投手。1964（昭和39）年には、29勝9敗、防御率1・89の成績で阪神の優勝に貢献。外国人選手として初の沢村賞も受賞。
(36)エンタイトル・ツーベース…フェアグラウンドに落ちたボールが、ワンバウンドで外野フェンスを越えた場合に適用されるルール。打者・走者には2つ先の塁に進む権利が与えられる。

試合は、この回一挙6点を挙げた佐賀商が17対4で大勝。初出場の高島はひと言の抗議も発せずに甲子園の大舞台を後にした。

その後、この日は何事も起こらなかったように、続く第2試合も終了した。ところが、第3試合が始まってすぐのときだった。牧野直隆(まきのなおたか)(37)日本高等学校野球連盟（高野連）会長の記者会見が突然開かれたのである。席上、牧野会長が読み上げた声明文は以下のような内容だった。

「（佐賀商の打者の本塁打は）ワンバウンドでラッキーゾーンを越えたもので、審判団に誤りがあった。しかし、守備側からのアピールがなかったので、試合はそのまま進められ、得点などはルールにもとづいて記録された」

驚かされたのは、この日の試合終了後に高野連がとった行動だった。外野フェンスで慌ただしく〝突貫工事〟が行なわれ、1932年から連綿と続けられてきた優勝校のプレートが1つ残らず一斉に撤去されたのである。

理由は「誤審」の原因がこのプレートにあるとの判断だったからだ。ボールの行方がプレートの地色である白色に紛(まぎ)れてしまい、審判がよく見極められなかった、というわけである。何となく責任転嫁めいた措置だったとも思われるのだが、中等野球時代から半世紀以上にわたって続けられてきた「伝統」が、これであっけなく終わってしまったのである。

さて、プロ野球が連日テレビで中継されるようになると、球場のなかにあるさまざまな「固定物」は格好の広告宣伝スペースとして「活躍の場」を与えられるようになってくる。しかし、高校野球は純然たるアマチュアなので、広告に代表される商業化は簡単には受け入れられない。その妥協策が展開されていくのも甲子園球場の歴史の一面である。

◉外野フェンスの広告が高校野球の開催時も認められた理由とは

現在、甲子園球場ではフェンス、スタンド、ベンチ、さらにはスコアボードや照明塔にも広告看板が掲出されているが、高校野球の全国大会期間中は、高野連との取り決めで、バックネットの広告についてはラバー製のシートで隠して見えないように配慮されている。

フェンス部分は1983（昭和58）年の夏の選手権大会までは内外野とも着脱式だったが、翌1984年に内野フェンス部分にラバーが貼られるようになってからは、そのまま露出するようになった。

外野はラッキーゾーンが着脱式だったので、高校野球開催時は外され、右中間、左中間のフェンスは緑地に白の文字で大会名が表示されたシートで広告を隠していた。「主催　日本高等学校野球連盟・毎日（朝日）新聞社　第○回選抜（全国）高等学校野球（選手権）大会」という文

(37)牧野直隆…1910～2006。鹿児島県出身。慶應義塾大から鐘淵紡績に入社。1981（昭和56）年、佐伯達夫の死を受けて第4代高野連会長に就任。11期21年のあいだ、会長を務めた。

字が外野フェンスの表示だったのである。

ところが２０１０（平成22）年からは、外野フェンスの広告は高校野球開催時でも隠さず、そのまま表出するようになり、大会名はバックネット付近のフェンスに移動されたのだが、これには納得できる理由が存在する。

高校野球で外野フェンスの広告がＯＫになったのは、この年の３月14日に外野スタンド下にオープンしたミュージアム「甲子園歴史館」[38]と関係している。外野フェンスの広告を提供していた14の企業・団体が「歴史館」の協賛社となり、運営費用を負担してもらっているいきさつがあるからだった。

「歴史館」はタイガースの関連と同時に、高校野球の資料も大量に展示されている。いってみればギブ・アンド・テイクの、じつに関西らしい実利的な判断だったのである。

ちなみに、私見ながら「甲子園資料館」は、東京・文京区の東京ドーム内の一角にある「野球殿堂博物館」にくらべると、展示内容がはるかに充実している印象がある。やはり、大阪は、そして甲子園には、日本の野球文化をリードしてきた地域としての「矜持(きょうじ)」をあらためて感じさせられてしまう。

(38)甲子園歴史館…２０１０（平成22）年３月14日に甲子園球場内にオープンした博物館。阪神タイガース、高校野球、甲子園ボウルの史料や関連品が多数展示されている。

甲子園名物「かち割り氷」はいつ登場した?

カレーと並ぶ甲子園球場の名物は、何といっても「かち割り氷」だろう。

兵庫県西宮市にある梶本商店という企業が製造している商品で、ビニール袋に砕いた氷が入れられたものだ。

触って涼をとるのもよし、袋ごと体に当て、首や頭を冷やすのもよし、溶けた氷水をストローを差しこんで飲み、喉を潤してもよしと、まさに炎天下での高校野球観戦にはもってこいの「お供」なのだ。

初めて販売されたのは、1957（昭和32）年夏の第39回選手権から。それ以前には寿司職人が寿司のネタを載せていた経木の船（竹の皮で作成）にかき氷を入れて販売していたのだが、氷が溶けて水が漏れたため、金魚すくいのビニール袋にストローを付け、紐で縛った形のものにしたところ、ヒット商品になった。

最盛期には1日5000～6000袋も売れたという。その後、容器はチャック式、密閉式と変化していったが、近年は衛生面などから売れ行きは激減しているそうである。

価格は発売当初の1957年は5円。その後1974（昭和49）年には100円、1992（平成4）年に200円となり、2021（令和3）年には250円に。

ちなみに中身は、何も味がついていない純粋な氷である。

誰も気づかなかった?!「4アウト」事件

100年近く続いている甲子園球場での高校野球では、信じがたい「珍事件」も発生している。

1982(昭和57)年夏の第64回選手権大会1回戦が行なわれた8月11日のこと。益田(島根)対帯広農(北海道)の試合で、前代未聞の「4アウト」がカウントされた「事件」が起きたのだ。

9回表、益田の攻撃。先頭の斎藤が四球、続く2番・中村が右前安打。これを3番・宮崎が送って一死二、三塁とした。

続く4番の豊田のスクイズで三塁走者・斎藤が生還。帯広農の守備がもたつくあいだに二塁走者の中村も三塁を回ったが、三本間で挟(はさ)まれてアウト。この時点で二死一塁となる。

ところがどういうわけかスコアボードのアウトカウントは「一死」のまま。そのまま、5番の金原が打席に入り、セカンドフライに倒れたのだが、スコアボードにはアウトの赤ランプが2つ。

そして打席には6番・池永が入る。どことなくざわめくスタンド。池永はあっさり打ってサードゴロでアウト。

こうして「4アウト」が成立してしまったのである。もちろん、池永の記録は公式記録員によって抹消された。

ファンの思いが暴走？「試合中の爆破予告」事件

１９７２（昭和47）年９月19日、甲子園球場での阪神対巨人22回戦で、巨人の王貞治が１回表に41号本塁打を放ち、日本プロ野球新記録となる６試合連続本塁打を達成した。

この記念すべき試合が続いていた午後８時20分、球場に男の声で、「甲子園球場に爆弾を仕掛けた。午後８時40分に爆発する」という脅迫電話がかかってきたのである。

８時38分、試合は５回裏二死、安藤統夫（翌年に統男に改名）の打席中だったが、急遽、試合は中断してしまったのだった。

すぐに甲子園署、兵庫県警機動隊が出動して爆発物を捜索したが、発見することができなかったため、結局「いたずら電話」だと判断。12分後の８時50分に試合は再開された。

警察の判断の通り、いたずら電話だったわけだが、この時代は、なかなか優勝できない阪神タイガースにファンのフラストレーションがたまり、グラウンド乱入事件も起きていただけに、なんとも人騒がせな一件だった。

6章——幾多の伝説を生んだグラウンド
◉1965年〜1985年

漫画のようなヒーローが高校野球に出現した

◉大衆の関心は「政治」から「エンタメ」へ

日本の高度経済成長期の最終段階だった1970年代は、1970（昭和45）年3月15日から大阪・吹田市の千里丘陵の特設会場で始まった「日本万国博覧会」(1)で幕を開けた。

2年後の1972（昭和47）年2月には札幌市でアジア初の冬季オリンピックが開催され、6日のスキー・ジャンプ70メートル級（現・ノーマルヒル）では、笠谷幸生(2)以下3人が金・銀・銅のメダルを独占。新聞には「日の丸飛行隊」の大きな活字が躍った。

そして札幌オリンピックが閉幕したわずか6日後に「あさま山荘事件」(3)が勃発する。この年の2月、人々はテレビに釘づけになっていた。

事件は2月28日に収束。過激な学生運動は世間の顰蹙を買い、1960年代から続いていた

「政治の季節」は終わりを告げ、日本は「エンターテインメント」が、人々の関心の上位に位置するようになっていく。そして、エンタメの代表であるスポーツも、この時代には以前にも増して脚光を浴びるようになるのだった。

とくに、毎年春と夏に甲子園球場で開催される高校野球は、その最たるものだった。1972年から『週刊少年チャンピオン』（秋田書店）で連載が始まった、高校野球の選手たちを描いた水島新司によるスポーツ漫画『ドカベン』(4)の人気とあいまって、高校野球のヒーローたちがメディアで大きく取り上げられるようになるのである。

●「昭和の怪物」江川卓、雨の甲子園に散る

70年代の最初のヒーローは、栃木・作新学院の江川卓(5)だった。「怪物」の異名通り、その

(1)万国博覧会…一般的な呼称は「大阪万博」。アジア初の国際博覧会。世界77か国が参加し、183日間にわたって開催された。テーマは「人類の進歩と調和」。

(2)笠谷幸生…1943〜。北海道出身。明治大からニッカウヰスキー。同競技では金野昭次が銀メダル、青地清二が銅メダルを獲得した。

(3)あさま山荘事件…長野県軽井沢町の河合楽器製作所の保養所に連合赤軍の残党メンバー5人が人質をとって立てこもった事件。死者3名、重軽傷者27名を出した。

(4)『ドカベン』…神奈川県の明訓高校野球部に在籍する主人公・山田太郎と同級生でチームメイトの岩鬼正美、殿馬一人らライバルたちの活躍を描いた野球漫画。

豪速球はこれまでの常識をはるかに超えていた。高校通算でノーヒットノーラン９回、完全試合２回の記録が何よりの証(あか)しだった。

１９７３（昭和48）年の第45回選抜大会、高校３年生で初めて甲子園に姿を現した江川の最初の相手は、地元大阪の北陽（現・関西大学北陽高校）。３月27日の第１試合には５万５０００人の観客が詰めかけ、マウンドに上がった江川が投げたウォームアップでの１球目には、球場全体から「ウォー」というどよめきが沸(わ)き起こった。

試合が始まると、北陽の打者は先頭から４人が１球もバットにボールを当てることさえできず、試合は２対０で作新学院の完勝。江川が奪った三振は19個を記録していた。

この大会、江川をひと目見ようと甲子園周辺は数千人の群衆で埋め尽くされ、バスから降りた作新ナインが球場になかなか入れないという事態も起きている。しかし、江川の作新は準決勝で広島商に１対２で敗退してしまう。残ったのは、選抜大会の記録を塗り替えた３試合60奪三振の驚異的な数字だった。

作新学院は、この年の夏の選手権大会にも出場したが、２回戦で銚子商（千葉）にサヨナラ負けを喫している。０対０からの延長12回裏一死満塁、２ストライク３ボールから投じた江川の１球が高めに浮いてしまったのだ。雨でボールが濡れていたのである。

江川の甲子園での成績は４勝２敗。投球回数は59回３分の１。奪三振92は１試合平均15・３

個。防御率0・46という記録が残っている。

◉バンビ、球道くん、ドカベン…高校野球は群雄割拠の時代に

翌1974（昭和49）年のヒーローは、個人ではなく学校そのものだった。

第46回選抜大会に初出場した（夏の選手権大会には1971〈昭和46〉年の第53回大会に出場）池田（徳島）は、部員が全員で11人と現在では考えられないチームだった。

蔦文也（つたふみや）監督(6)率いる徳島県の山間、三好郡池田町（現・三好市）に位置する、この劇画から抜け出してきたような高校に、メディアはさっそく「さわやかイレブン」の呼称を付け、連日大々的に報道した。決勝で報徳学園（兵庫）に1対3で敗れて準優勝に終わったが、大会の主役は誰が見ても池田だった。

1977（昭和52）年夏の第59回選手権大会では、東邦（愛知）の1年生投手、坂本佳一（さかもとよしかず）(7)が脚光を浴びる。それも、これまであまり野球とは縁のなかった若い女性が熱狂的になったの

(5)江川卓…1955〜。福島県出身。投手。法政大卒業後、巨人に入団。速球とカーブが武器の1980年代のセ・リーグを代表する投手。
(6)蔦文也…1923〜2001。徳島県出身。プロ野球の東急に1年在籍したが、その後、高校野球の指導者に。積極的な采配から「攻めダルマ」の異名を持つ。甲子園での優勝3回。準優勝2回。
(7)坂本佳一…1961〜。愛知県出身。投手。2年生以降は甲子園出場ならず。法政大から日本鋼管に進んだ。

だった。176センチ、62キロ。首の長い華奢な体型から、誰からともなく「バンビ」と呼ぶようになる。あれよあれよという間に決勝戦まで駒を進め、東洋大姫路（兵庫）の「江夏二世」といわれた松本正志（元・阪急）を相手に互角に渡り合ったが、延長10回裏にサヨナラ3ランを打たれ万事休してしまう。このドラマチックな散り方も女性たちの涙を誘い、大会終了後は自宅にまでファンが押し寄せたという。

1978（昭和53）年夏の第60回選手権大会は、PL学園（大阪）が初めて甲子園で優勝を飾った大会だった。この大会、PLは準決勝では、中京（愛知）に0対4とリードされながらも9回に追いつき、延長12回に押し出しのサヨナラ勝ちで決勝進出。

高知商との決勝でも0対2のビハインドから、9回裏に犠牲フライと連続タイムリーで逆転サヨナラ勝ち。「逆転のPL」の〝神話〟が生まれ、後の1983（昭和58）年から始まる桑田真澄[8]、清原和博[9]の「KK時代」の土台がつくられた。

この大会、決勝で敗れた高知商の控え投手中西清起[10]は、水島新司の描く野球漫画『球道くん』と同じ苗字だったことから、後に「球道くん」と呼ばれるアイドルになった。3年生春の第52回選抜大会の決勝では、帝京（東京）相手に延長10回を投げ抜き、初優勝の原動力になっている。

70年代の最後に登場したのは浪商（現・大阪体育大学浪商高校）の香川伸行[11]だ。『ドカベン』

の主人公・山田太郎そっくりの〝ぽっちゃり〟体型で、打順、ポジションも同じ4番、キャッチャー。エースの牛島和彦(うしじまかずひこ)(12)とバッテリーを組み、1979（昭和54）年の第51回選抜大会では2本塁打を放ち準優勝。この年の夏の第61回選手権大会はベスト4止まりだったものの、3試合連続の本塁打で、漫画を現実にしてしまったのである。

1970年代の高校野球は、隠れた逸材(いつざい)が突如晴れ舞台で脚光を浴びたり、予測もつかないドラマが展開されるなど、野球という競技が持っている意外性、物語性、そして英雄譚(たん)が見る者の心をときめかせた時代でもあった。

そして、彼らがドラマをつくり出した甲子園球場では、ここを本拠地とする阪神タイガースにも、常識を超えたさまざまな出来事が起こるのだった。

(8)桑田真澄…1968〜。大阪府出身。投手。高校卒業後、巨人に入団。プロ20年間で173勝。ゴールデングラブ賞を8回受賞した。
(9)清原和博…1967〜。大阪府出身。内野手。甲子園大会での通算本塁打数記録保持者（春4本、夏9本）。高校卒業後、西武に入団し新人王に。後に巨人へ移籍。196死球はプロ野球記録。
(10)中西清起…1962〜。高知県出身。投手。高校卒業後、社会人のリッカーを経て阪神に入団。1985年のセ・リーグ優勝では「胴上げ投手」に。現役引退後は投手コーチとして、高校の後輩・藤川球児を大成させた。
(11)香川伸行…1961〜2014。徳島県出身。捕手。高校卒業後、南海に入団。プロ生活10年での通算打率は2割5分5厘。引退後は野球解説者として活躍したが、52歳で早世。
(12)牛島和彦…1961〜。奈良県出身。投手。高校卒業後、中日に入団。後にリリーフエースに。ロッテ移籍後も最優秀救援投手のタイトルを獲得するなど活躍した。プロ14年間で53勝、126セーブ。

〝事件〟が頻発した阪神の１９７０年代

◉何もかもが型破りだった江夏豊

江夏豊(13)が阪神タイガースに入団したのは、１９６７（昭和42）年である。前年の１９６６（昭和41）年９月５日に行なわれた第１次ドラフト（この年秋の大分県での国民体育大会に出場しない高校、大学、社会人選手が対象）で、阪神、巨人、東映、阪急から１位指名を受け、抽選の結果、阪神が契約交渉権を獲得した。

しかし江夏は、当時東海大学から熱心に勧誘されていた。当時の松前重義総長がみずから大阪に出向くなど、江夏自身の気持ちも大学進学に傾いていた。

ところが、そのことを知っていた阪神の担当スカウト河西俊雄と佐川直行(14)は、江夏に対して「お前みたいなピッチャー、別に欲しいとは思わん」と言い放つ。これが江夏の持ち前の反骨精神を刺激した。江夏は「だったら（阪神に）入ってやるわい」と返し、入団したというエピソードが伝わっている。スカウト２人の作戦勝ちともいえる、江夏らしい逸話だ。

１年目の１９６７年は持ち前の豪速球を武器に、リーグ最多の２２５奪三振を記録。防御率も２・７４と及第点だった。しかし、四球と被本塁打が多く、勝敗は12勝13敗。新人王のタイトルはサンケイ（現・ヤクルト）の武上四郎(15)に持っていかれてしまった。

日本のプロ野球の1シーズン最多奪三振の記録は、この江夏が持っている。1968（昭和43）年に打ち立てた401だ。それまでの記録だった稲尾和久(16)の353を上回る大記録で、もちろん現在も破られていない。

新記録354個目の三振は9月17日、甲子園球場での巨人戦で、王貞治から奪っているのだが、そのときのいきさつがなんとも江夏らしい。江夏は353個目の三振も王から奪っている。どう勘違いしていたのか、この353個目でてっきり新記録を樹立したと思いこんでベンチに戻ってきた江夏に、周囲が「新記録は354やで」と声をかけた。

日本最強の打者から三振を奪ってこそ記録に価値があると決めていた江夏にとって、354個目はふたたび打順が回ってくる王まで待たなければならない。だから、そのあいだの8人からはあえて三振を取らないようにしたというのである。

(13)江夏豊…1948〜。兵庫県出身。投手。最優秀救援投手（現・最多セーブ）を6回獲得（プロ野球記録）。1976（昭和51）年に南海へ移籍。広島で日本一、日本ハムでもリーグ優勝に貢献し、「優勝請負人」の異名をとる。

(14)河西俊雄、佐川直行…1920〜2007、1914〜1970。1950年代後半から60年代を代表する敏腕スカウト。江夏のほか、田淵幸一、藤田平、掛布雅之らを担当した。

(15)武上四郎…1941〜2002。宮崎県出身。二塁手。小柄だったが攻守ともに闘志あふれるプレーで「ケンカ四郎」の異名をとる。引退後、MLBのサンディエゴ・パドレスの客員コーチも務めた。

(16)稲尾和久…1937〜2007。大分県出身。投手。昭和30年代のパ・リーグを代表する本格派投手。西鉄の3年連続日本一の立役者。異名は「鉄腕」。1958（昭和33）年の日本シリーズでは3連敗の後、4連投4連勝で日本一を達成。「神様、仏様、稲尾様」と称賛される。

後年「（捕手の）森（昌彦〈祇晶〉(17)）さんと（投手の）高橋（一三(18)）さんからいかに三振を取らないかがいちばん難しかった」と吐露している。江夏の反骨精神は衰えるどころか、さらに磨きがかかっていた。

そして、1971（昭和46）年7月17日のオールスターゲーム第1戦。残念ながら球場は甲子園ではなく、同じ兵庫県の西宮球場だったが、江夏は9者連続奪三振を記録するのである。60年代の終わりから70年代にかけての阪神は、この江夏に象徴されるように「記憶」に残るチームではあったが、ペナントレースでの「記録」はけっして芳しいものではなかった。というより、けっこう土壇場に弱かったのである。

◉「あと一歩」がどうしても遠いタイガース

まずは、1970年代の阪神のセ・リーグでの順位を確認しておこう。70年＝2位、71年＝5位、72年＝2位、73年＝2位、74年＝4位、75年＝3位、76年＝2位、77年4位、78年＝6位、79年＝4位と、優勝は一度も経験していない。ちなみにこの10シーズンで優勝経験がないのは阪神と大洋（現・横浜DeNA）の2球団しかない。

しかし阪神は、話題だけは事欠かなかった。1973（昭和48）年は最後まで巨人と優勝争いを演じている。

この年、またもや江夏が、甲子園球場でとんでもない大記録を打ち立てている。8月30日の中日戦。この日の江夏は調子がよく、9回を終えて出したランナーは4回に谷沢健一(19)に与えた死球と5回の広瀬宰への四球の2人だけ。6回以降はパーフェクトに抑え、ノーヒットノーランのまま9回を終えた。試合は0対0のまま延長戦に突入する。

11回裏、先頭打者として打席に立ったのは、この回まで引き続き〝ノーノー〟を続けていた江夏。中日の松本幸行が投じた初球をフルスイングすると、打球はライトのラッキーゾーンに吸いこまれていった。ノーヒッターによるサヨナラ・ホームラン。それを前代未聞の延長戦で成し遂げたのである。

この年の10月22日、甲子園球場で行なわれた阪神―巨人戦は勝ったほうがセ・リーグ優勝という「頂上決戦」だった。しかし、勝ったのは巨人。それも9対0という阪神にとっては屈辱的な負け方だった。

そして、あまりに不甲斐ない負け方に激怒した阪神ファンが、試合終了と同時にグラウンド

(17)森昌彦…1937〜。岐阜県出身。捕手。巨人9連覇時代の正捕手。西武監督就任後「昌彦」から「祇晶」へ改名。在任9年で8度のリーグ優勝、6度の日本一に導いた。
(18)高橋一三…1946〜2015。広島県出身。投手。巨人入団後の1969(昭和44)年に22勝5敗の成績で沢村賞を受賞。スクリューボールが持ち味だった。
(19)谷沢健一…1947〜。千葉県出身。一塁手。早稲田大から中日に入団。17年間、チームの主軸打者として活躍。生涯打率は3割2厘。

に乱入。そのため巨人は恒例の胴上げができなかったのである（宿舎で行なった）。「甲子園でのファン乱入」というとこの試合が有名だが、じつは前年の1972（昭和47）年も巨人が甲子園での阪神戦でリーグ優勝を決めており、このときもファンが乱入している。

江夏は現役引退後、この試合の前日に長田睦夫（おさだむつお）球団代表と鈴木一男常務から「優勝すると金がかかるから残り2試合は勝ってくれるな。監督も承知しているから」といわれたことを明らかにしたが、真相は現在もうやむやのままである。

◉話題になるのは試合よりもトラブルばかり…

1976（昭和51）年シーズン、江夏を南海に放出し、代わりに江本孟紀（えもとたけのり）[20]を獲得した大型トレードが実を結び、終盤に巨人を追い上げた。しかし、終わってみれば、順位はまたも2ゲーム差の2位に終わっている。

1979（昭和54）年には江川卓の「空白の一日」事件[21]で、急遽（きゅうきょ）、巨人からトレードされた小林繁（こばやししげる）[22]が、対巨人戦8勝を含む22勝を挙げ、掛布雅之[23]も48本塁打を放ってファンの溜飲（りゅういん）を下げたが、結果的に順位はBクラスの4位だった。

さらに、2年後の1981（昭和56）年には、江本が「ベンチがアホやから野球がでけへん」の名（迷）台詞（せりふ）を残してシーズン中に退団するという「事件」も起きている。波乱万丈の阪神タイガースが「奇跡」を起こすまでにはもう少し待たなければならなかった。

伝説のシーンを生んだ「甲子園の浜風」とは

◉2リーグ制以降初の日本一で列島が「虎フィーバー」に沸く

阪神タイガースは、1964（昭和39）年、最後の最後に奇跡の9連勝で2リーグ制になって2回目のリーグ優勝を果たしてから、20年以上優勝から遠ざかっていた。江夏、田淵幸一（たぶちこういち）(24)、藤田平（ふじたたいら）(25)とスター選手はそろっていたが、どうしても優勝できない。ファンのフラストレーションもたまりにたまり、その結果がたび重なるグラウンド乱入事件の遠因にもなっていた。

さらにメディアでは、前述した江夏ではないが「本当は優勝したくない、渋ちんの阪神上層部」などと好き放題を書きたてられてもいたのである。

(20)江本孟紀…1947〜。高知県出身。投手。法政大卒業後、社会人の熊谷組を経て東映、南海、阪神を渡り歩く。引退後の著書『プロ野球を10倍楽しく見る方法』は200万部の大ベストセラーに。参議院議員も2期12年務めた。

(21)「空白の一日」事件…別名「江川事件」。1978（昭和53）年のドラフト会議前日に巨人と入団契約を結んだ江川卓を巡る一連の騒動。当時の規約の「スキ」を突く強行策に批判が続出した。

(22)小林繁…1952〜2010。鳥取県出身。投手。高校卒業後、社会人の大丸を経て巨人に入団。178センチ、68キロの細身の体で激投する姿が人気を呼んだ。引退後はニュースキャスターとしても活動。

(23)掛布雅之…1955〜。千葉県出身。三塁手。本塁打王を3度獲得し、3代目、あるいは4代目「ミスタータイガース」と称された。シュアな中距離打者で15年間の通算打率は2割9分2厘、通算本塁打数は349。

その溜飲を一気に下げてくれたのが、1985（昭和60）年のリーグ優勝だった。このシーズンのセ・リーグは、結果的に阪神、広島、巨人が三つ巴の優勝争いを展開しており、オールスターゲーム前の阪神は、首位広島に4ゲームの差をつけられて、巨人と同率の2位だった。

この年の8月12日、羽田空港から大阪の伊丹空港に向かっていた日航機123便が群馬県上野村の御巣鷹山に墜落する[26]。乗客乗員524名のうち520名が亡くなった大事故だったが、520人のなかには阪神タイガースの中埜肇球団社長の名前もあった。

「何としても勝とう」と当時の吉田義男監督は選手を集めて檄を飛ばしたが、なんと13日から6連敗。巨人にも抜かれて3位に落ちてしまうのである。

これまでの阪神同様、土壇場の踏ん張りのきかなさをまたもや露呈したように見えたが、ここからがそれまでのタイガースとは違っていた。8月は終わってみれば月間MVPを獲得した岡田彰布[27]の頑張りで、2位巨人に0・5ゲーム差をつけての首位。

9月1日の対大洋戦では、年間入場者数の記録を更新。11日にはマジック22が点灯。15日の対中日戦は岡田のサヨナラ本塁打で1対0での勝利。この時点で、阪神の主催試合での年間入場者数が初めて200万人を突破した。

9月は13勝5敗1引き分けの快進撃で、2位広島とのゲーム差は7・5。そしていよいよ10月に入る。

16日の神宮球場でのヤクルト戦に阪神が勝つか引き分けるかで、優勝が決まる。試合は終盤阪神が追い上げ、5対5のまま延長戦に突入。当時は3時間20分を超えて新しいイニングには入らないルールだった。10回表、阪神は無得点。その裏のヤクルトの攻撃も9回からリリーフに立った中西清起が三者凡退で退け、21年ぶりのセ・リーグ優勝が決定した。

ちなみに、この日の神宮球場では昼に東都大学野球の秋季リーグ戦、青山学院大対日本大戦が予定されていたのだが、あまりにも球場付近に詰めかけた阪神ファンが多かったので、急遽中止。開門時間も午後3時にくり上げるなど、いわゆる「タイガース・フィーバー」は、地元関西のみならず、東京にも伝わってきていた。

セ・リーグのペナントを制した阪神は、続く日本シリーズでも余勢を駆って西武を4勝2敗で退け、2リーグ制以降初めての日本一に輝いた。

(24)田淵幸一…１９４６〜。東京都出身。捕手。プロ16年間で４７４本塁打を記録したスラッガー。阪神での江夏とのコンビは「黄金のバッテリー」と称された。
(25)藤田平…１９４７〜。和歌山県出身。内野手。19年間阪神の主力として活躍し、通算２０６４安打を放ったが、一度も優勝することなく引退という珍しい選手。
(26)日航機墜落事故…単独機の飛行機事故での死亡者数は過去世界最多。夜の事故であったこと、墜落場所の特定に手間どったこと、連絡の齟齬などにより自衛隊の出動が遅れ、社会的な問題になった。
(27)岡田彰布…１９５７〜。大阪府出身。内野手。早稲田大時代の１９７８（昭和53）年の秋季リーグで三冠王。１９９２（平成４）年にはプロ野球選手会長としてフリーエージェント制度導入に尽力。２０２３（令和５）年には監督として、チームを38年ぶりの日本一に導いた。

◉「バックスクリーン3連発」に隠された秘密

日本一の栄光に輝いたとき、多くの阪神ファンの頭に浮かんだのが、この年の4月17日、甲子園球場での対巨人戦で演じられたランディ・バース(28)、掛布、岡田による「バックスクリーン3連発」のホームラン競演だったことだろう。

まさにこの「伝説的」な〝打ち上げ花火〟こそ、結果的には、阪神タイガース日本一に向けての〝烽火(のろし)〟だったのだと多くの阪神ファンは思ったはずだ。

バックスクリーン3連発の1発目は、7回裏二死一、二塁で打席に立ったバースだった。巨人の槙原寛己(まきはらひろみ)(29)が投じた119球目を引っ張らずにセンター方向にうまく持っていき、バックスクリーンのレフト側に飛びこむ3ラン。これで4対3と阪神が逆転する。続く掛布はボールカウント1－1からの3球目、144キロのインハイのスレートをこれもバックスクリーン横のレフトスタンドに叩きこむ。

最後は「こうなったら自分もホームラン」と、岡田が狙い通り槙原の129キロのスライダーをこれまた左翼寄りの中段にライナーで放りこんだ。

じつはこのバックスクリーン3連発は、甲子園球場独特の「浜風」と関係しているという説がある。海岸まで2キロ足らずの甲子園球場は、南西（ライトスタンド後方）からレフトスタンド・三塁側アルプススタンド方向に吹き抜ける風が吹く。いわゆる「海風」で、一般的にライト方向に上がった飛球が風で押し戻されるので、左打者にとっては不利な球場だとされていた。

しかし、左打者のバースと掛布は、この逆風を逆手（さかて）に取ったのである。左打者でも、感覚的には引っ張らず「センター方向に打つような感覚」で打てば、けっして左打者にとって不利な球場ではないことを、このバックスクリーン３連発が実証したのだった。バースも掛布も強引に引っ張らずセンター方向に打ち返し、打球はいずれもバックスクリーンのレフト側に飛びこんでいる。

さらに甲子園球場は、この前年１９８４（昭和59）年の改修で１９３４（昭和９）年から続いていた２代目のスコアボードを大幅に改修、３代目にリニューアルし、位置も外野席から１段高くし、バックスクリーンのスペースを広くとるようにしていた。

「１９８４年以前、スコアボードはスタンドより低い位置にあったので、センター方向からも浜風が吹き込んできた。でも、高いスコアボードになってからはセンター方向への打球は驚く

(28)ランディ・バース…１９５４〜。アメリカ・オクラホマ州出身。一塁手。１９８３（昭和58）年から６年間阪神でプレー。日本プロ野球シーズン打率の記録保持者（１９８６年）、２年連続三冠王など、現在でも「史上最強の助っ人」とするファンは多い。

(29)槙原寛己…１９６３〜。愛知県出身。投手。１９８０年代から90年代前半の巨人投手陣を支えた１人。１９９４（平成６）年５月18日の対広島戦で、史上15人目の完全試合を達成した。

ほど飛ぶようになっていた。以前のスコアボードのままだったら、あのバックスクリーン3連発は生まれていなかったと思いますよ」

と掛布はいう（『昭和プロ野球「球場」大全』洋泉社編集部［編］、洋泉社より）。

「浜風」を克服するテクニックと、それにプラスされた甲子園球場のリニューアルが、2リーグ制以降初めての阪神日本一につながったのかと思うと、甲子園球場の「奥深さ」をあらためて実感せざるを得ないのである。

浜風といえば、高校野球でも歴史的なファインプレーの「後押し」をしている。舞台は1996（平成8）年夏の第78回選手権大会の決勝、松山商（愛媛）対熊本工戦。延長10回裏、熊本工は一死満塁のサヨナラのチャンスに本多大介が右翼に大飛球を打ち上げる。

誰もがこれでゲームセットと思った次の瞬間、代わったばかりのライト矢野勝嗣（やのまさつぐ）が前進して捕球。タッチアップでホームベースへと疾走する走者を刺そうと放たれた返球は、浜風に乗って一直線に80メートル先のキャッチャーのミットに吸いこまれ、間一髪（かんいっぱつ）で走者をアウトにしたのだった。

試合はその後、6対3で松山商が勝利。「奇跡のバックホーム」と後世まで語り継がれるこのプレーの「主役」が矢野なら、「名脇役」は甲子園特有の「浜風」だったのである。

美しいグラウンドの基本は「芝生と土」から

◉巨人一強時代の終焉で、甲子園の入場者数が激増

１９７０年代から80年代にかけての日本のプロ野球、とりわけセ・リーグは、大きく括れば巨人一強時代が終焉を迎え、群雄割拠の時代に突入したといってもいいのではないだろうか。

巨人が10連覇を達成できず、２位に終わった１９７４（昭和49）年は星野仙一[30]、谷沢健一らの活躍で中日が優勝。続く１９７５（昭和50）年は山本浩二[31]、衣笠祥雄[32]、外木場義郎[33]らの広島が「赤ヘル旋風」を巻き起こして初優勝。

さらに１９７８（昭和53）年には広岡達朗監督[34]率いるヤクルトが、若松勉、チャーリー・マニエルらの活躍で、これも初優勝を飾るのである。

(30)星野仙一…１９４７〜２０１８。岡山県出身。投手。１９６９（昭和44）年から14年間、中日の主戦投手として活躍。現役引退後は、中日、阪神、東北楽天で監督を務め、それぞれをリーグ優勝に導いた。

(31)山本浩二…１９４６〜。広島県出身。外野手。愛称は「ミスター赤ヘル」。大学出身者（法政大）で通算５３６本塁打は日本最多記録。背番号「８」は広島の永久欠番。

(32)衣笠祥雄…１９４７〜２０１８。京都府出身。内野手。山本浩二とともに１９７０〜80年代の広島を牽引した。メディアでの愛称は「鉄人」。連続試合出場の日本記録保持者。１９８７（昭和62）年には国民栄誉賞を受賞。

(33)外木場義郎…１９４５〜。鹿児島県出身。投手。２リーグ制以降のプロ野球で、完全試合１つを含むノーヒットノーランを３回達成した唯一の投手。

(34)広岡達朗…１９３２〜。広島県出身。内野手。現役時代は巨人で活躍。監督としてヤクルト、西武を日本一に導いた。

すでにセ・リーグは「巨人対その他球団」の構図から抜け出し始めており、その結果として入場者数が右肩上がりで伸びていった。ちなみに1960年代に年間の入場者数が200万人を突破したのは巨人1球団のみ。その他の5球団は100万人にも達していなかった。辛うじて100万人を超えたのはパ・リーグの東映（1962年＝136万6500人、1963年＝116万8600人）だけだったのである。

巨人一強時代を脱した「効果」はセ・リーグ全体の入場者数の増加に顕著に表れた。1979（昭和54）年にはセ・リーグ全体で1000万人を突破。1971（昭和46）年を100とした場合、10年後の1980（昭和55）年は171パーセント、阪神が日本一に輝いた15年後の1985（昭和60）年には190パーセントと、順調な右肩上がりを示している。

このような数値の推移は、球団別に見ても同じで、とくに顕著なのが阪神だった。1971年の年間入場者数は71万5500人。それが1980年には169万5000人と倍以上の237パーセント。日本一になった1985年には364パーセントと、15年間で3倍以上に膨れ上がっていったのである。

●「芝と土」へのこだわりは並大抵ではない

このようなプロ野球人気に、球団も真剣にファンサービスを考えるようになったのは、当然の成り行きだった。第1に、球団の最大の財産である選手が躍動する舞台が貧弱では、観客は心底からゲームを楽しめない。

グラウンドを含めた球場は、ハレの場にふさわしく「特別な場所」として威厳をもって美しく保たれなければならないし、お金を払って観にきてくれるお客さんには、見やすさと同時に、日常とは異なった「特別感」を提供するのが、顧客サービスのイロハだと考えるようになっていったからだった。

そこで阪神電鉄は、外野の芝生に注目した。年間を通じて緑の芝の上でプレーできるようにしたのである。1982（昭和57）年3月26日、第54回選抜大会の初日のグラウンドは、前年まで、この時期は薄茶色だった芝が、緑色に瑞々しく輝いていたのである。

それまで、芝は秋から冬にかけて気温が下がると枯れてしまい、春になって桜の花が開花するころになると青く色づいてくる。緑の芝の上でプレーできるのは、選抜大会の終盤に勝ち残ったチームに限られていたのだった。

答えは、球場を管理する阪神園芸(35)が、芝の〝二毛作〟にチャレンジし、成功したからである。ベースの芝は夏の「ティフトン」(36)で変わりはないが、秋口に「ペレニアルライグラス」(37)の種を蒔く。

すると4~5月ごろに芽を出し始め、11月には緑色に成長してくる。これで冬も芝の緑は保たれ、さらに3月下旬から5月上旬にかけて全体をすくと、冬芝は元気を失い、刺激を受けた夏芝は勢いよく伸びてくる、という理屈である。「ゴルフ場のグリーンキーパーさんからのアドバイスで勉強させてもらいました」と阪神園芸の金沢健児（かなざわけんじ）氏は自著『阪神園芸 甲子園の神整備』（毎日新聞出版）のなかで語っている。

甲子園球場は、芝生と同様、土にも並々ならないこだわりを持っている。基本は黒土と白砂のブレンド。それぞれの産地は時代によって変化しているが、重要なのはその配合の比率で、春は「黒土5・5対白砂4・5」。夏は「黒土6対白砂4」。雨の多い春の選抜大会の期間中は、やや白砂を多めにし、夏は太陽の照り返しによるまぶしさを軽減するために、白砂を少なくすると同時に、グラウンドを乾きにくくするために黒土の配合を多くしている。

掛布はこの土のグラウンドを、

「柔らかすぎるという人もいますが、自分はいちばんプレーしやすかった。イレギュラーも少ないし、水はけも抜群。甲子園の土の上を歩くとスパイクの金具が土を踏む音がサクッサクッとするんです」

と気に入っていたという（『昭和プロ野球「球場」大全』洋泉社編集部［編］、洋泉社より）。

その秘密は、表面上部30センチという異例の厚さに敷き詰められた黒土と白砂の部分にある。さらに、感心させられるのは、この30センチを毎年1月から2月にかけて入念に掘り返す作業を行なっている点だ。硬過ぎず、かといって柔らか過ぎず。金沢氏は「現場の人たちの足の裏の感覚がすべて」と、その職人魂を語っている。

北陽高1年時、夏の甲子園（1973〈昭和48〉年、第55回大会）で初めて甲子園の土を踏んだ現阪神監督の岡田彰布も、その感触が忘れられない1人だ。

「シャキッと音がしたよ。シャーベットみたいな。あ、これが甲子園か、と」（2024〈令和6〉年1月1日付朝日新聞。特集「甲子園球場100年」より）。

◉観戦しやすさを求めて、座席もリニューアル

肝心の観客席も1976（昭和51）年から数年をかけて、とくに内野の座席をリニューアルしている。現在の一塁側の「アイビー（蔦）シート」が「イエローシート」となり、三塁側の「ブリーズ（浜風）シート」は「オレンジシート」と呼ばれるようになった。

さらに同じ年、ホームベースを移設して、中堅120メートル、両翼91メートルとして、ラ

(35)阪神園芸…阪神阪急ホールディングス傘下の企業で、阪神電鉄系列の造園会社。甲子園球場の整備業務を請け負っているほか、グループが運営する公園などの緑化活動も手がけている。
(36)ティフトン…アメリカ産のバミューダ芝とアフリカ産のバミューダ芝の交雑種。踏圧耐性に優れ、回復力もあり、密度も濃いのでスポーツターフとして利用されることが多い。
(37)ペレニアルライグラス…西洋芝の一種。耐暑性、耐寒性に優れ、濃緑色で密度の高さが特長。

ッキーゾーンをそれまでより前方に出している。これもホームランが出やすいようにするための観客サービスの一環だったと思われる。

ちなみに、ラッキーゾーンが前に出てきても、甲子園球場の広さについて掛布は、

「むしろ大きい部類。左中間、右中間のふくらみはラッキーゾーンが設置されても球界トップクラス。後楽園球場なんか、公称は両翼90メートルでしたが、実際は85メートル程度だったらしい。ボールが上空に上がりさえすれば、詰まっていてもどこかに入ってくれる感覚があった」と後に語っている。

タイガースのどん底時代と高校野球全盛時代

◉260万人の入場者数が6年間で180万人に激減

２０２３（令和５）年に１９８５（昭和60）年以来38年ぶりの日本一に輝いた阪神タイガースが、過去15シーズンの長きにわたって「どん底」を経験した事実をご存じだろうか。

巷間（こうかん）「阪神の暗黒時代」と称されている15年間は、１９８７（昭和62）年から２００１（平成13）年までとなっている。この間、優勝はもちろん１回もなし。Ａクラス入りを果たしたのは１９９２（平成４）年の１回のみ。

Ｂクラス14回のうち最下位が10回。さらに悪い記録を挙げると、１９９３（平成５）年から

2002（平成14）年まで10年連続Bクラス。1998（平成10）年から2001年まで4年連続最下位。いずれも球団のワースト記録となっている。

1985年、260万2000人を数えた入場者数は、この間に漸減（ぜんげん）し、1991（平成3）年には、とうとう180万2000人と69％にまで落ちこんでしまった。比較的人気の巨人戦以外は空席が目立ち、内野スタンドでは横になって観戦したり、公然といちゃつくカップルも見られるような、いまの甲子園球場では考えられない光景が散見（さんけん）されていたのである。

この間の阪神の順位と状況を、ざっと振り返ってみよう。

＊1987（昭和62）年……開幕前に掛布とバースが交通違反で検挙される。4月後半の7連敗で最下位に。勝率3割3分1厘は球団ワースト記録

＊1988（昭和63）年……掛布が33歳の若さで引退。最下位

＊1991（平成3）年……開幕5連敗。5月に8連敗。6月に10連敗（当時の球団ワースト記録）。全日程で最下位

＊1992（平成4）年……あと一歩で優勝までこぎつけるも、力尽きて2位

＊1994（平成6）年……9月13日終了時点で首位と3・5ゲーム差の3位だったが、残り12試合で7連敗を含む2勝10敗で、4位

＊1998（平成10）年……5～6月にかけて球団ワースト記録更新の12連敗。6月後半に自力優勝が消滅。最下位
＊1999（平成11）年……野村克也監督(38)就任も9月に球団ワーストタイの12連敗。最下位。
＊2001（平成13）年……6月以降、最下位が定位置に。4年連続最下位。野村監督が沙知代夫人の脱税容疑での逮捕で辞任

たった一度、1992年に2位になって気を吐いているのだが、このとき、球史に残る事件が9月11日に甲子園球場で行なわれた対ヤクルト戦で起きている。後で考えると、これがケチのつき始めだったのかもしれない。

◉高校野球の舞台に「平成の怪物」が続々と出現

この試合が球史に刻まれている最大の理由は史上最長の6時間26分（中断37分間を含む）という「長さ」だが、ヤクルトと優勝を争っていた阪神にとっては、なんともツキに見放された不運な〝事件〟だった。

試合は3対3の同点のまま、9回裏の阪神の攻撃に入った。二死走者一塁の場面で八木裕(39)が放った打球はレフトスタンドに飛びこむ劇的なサヨナラ2ラン。八木にはヒーローインタビ

ュー用の「お立ち台」まで用意されたが、このときヤクルトの野村克也監督から「あれはホームランではなく、フェンスに当たってからスタンドに入ったのではないか」と抗議が入る。

審判団が協議した結果、「打球がフェンスの最上部分に一度当たってからスタンドに入った」となり、ホームランではないとの判断となった。八木のホームランは覆(くつがえ)って、エンタイトルツーベースとなり、二死、走者二、三塁で試合は再開されたのだった。

もちろん、阪神の中村勝広監督(40)は猛然と抗議を行なった。しかし判定は元には戻らず、結局当時のルールに従って延長15回で引き分けに終わってしまったのである。

試合終了は翌日の0時26分。この後、阪神は9月下旬の踏ん張りどころで、力が尽きてしまったのである。

「暗黒時代」の阪神とは裏腹に、甲子園球場は高校野球で次々に新しいヒーローが出現し、ドラマも誕生していった。これについてもかいつまんでトピックスをまとめてみる。

(38)野村克也…1935〜2020。京都府出身。捕手。選手として史上2人目、パ・リーグ初の三冠王に輝く。南海、ヤクルト、阪神、東北楽天の監督を歴任した。

(39)八木裕…1965〜。岡山県出身。内野手。高校卒業後、社会人の三菱重工水島を経て阪神に入団。代打として新境地を開き、1997(平成9)年の代打率は4割をマーク。「代打の神様」と呼ばれた。

(40)中村勝広…1949〜2015。千葉県出身。二塁手。早稲田大から阪神に入団。堅実な守備で1970年代後半のチームを支えた。引退後は阪神の監督を6シーズン務めた。実家は九十九里町の網元。

＊1987（昭和62）年……PL学園が史上4校目の春夏連覇

＊1990（平成2）年……夏の第72回選手権大会で鈴木一朗（愛知・愛工大名電、現・イチロー）、松井秀喜（石川・星稜）が甲子園初登場

＊1991（平成3）年……春の選抜大会で大阪桐蔭が甲子園初出場。初戦の対仙台育英戦でノーヒットノーランの快挙。夏は初出場で優勝

＊1992（平成4）年……夏の第74回選手権大会で、高知・明徳義塾が2回戦の対星稜戦で、松井秀喜を5打席すべて敬遠

＊1994（平成6）年……春の第66回選抜大会で金沢（石川）の中野真博（なかのまさひろ）が江の川（島根、現・石見智翠館）相手に完全試合達成

＊1996（平成8）年……夏の第78回選手権大会の決勝。松山商（愛媛）―熊本工戦で松山商ライトの矢野勝嗣が80メートル・ノーバウンド返球でランナーを本塁で捕殺する「奇跡のバックホーム」（160ページ参照）

＊1998（平成10）年……春の第70回選抜、夏の第80回選手権大会ともに横浜（神奈川）の〝平成の怪物〟松坂大輔で沸く。夏の決勝、対京都成章戦はノーヒット・ノーランのおまけつき

＊1999（平成11）年……春の第71回選抜大会で、沖縄尚学が沖縄県勢初の甲子園優勝

イチロー、松井、松坂というその後の球界を代表するスーパーヒーローが誕生した1990年代は、もう一方の甲子園球場の主役である阪神タイガースが、どん底で苦しんでいた時代でもあった。

そして、他企業への身売りも、まことしやかに一部のメディアで報道されていた。具体的には「サントリー」「佐川急便」の名前が挙がったのもこのころだった。阪急がオリックスへ、南海がダイエーに身売りし、近鉄がオリックスに吸収される時代の波に、阪神も呑みこまれそうになっていたのである。

7章——幻と消えた「ドーム化」計画

◉1986年〜2006年

センバツ開催が大震災の被災地を励ました

◉グラウンドと照明塔に亀裂が…

激しく揺れたのは、まだ多くの人が眠りについていた午前6時前のことだった。テレビはすべての局が即座に緊急地震速報に切り替わった。アナウンサーは「観測史上最大の震度7を記録しました」とくり返し、映像はひたすら、斜めに崩れ落ちかけた神戸市東灘(ひがしなだ)区の阪神高速道路神戸線と、これも半ば崩壊した阪急電鉄伊丹(いたみ)駅の映像を流し続けた。

後に「阪神・淡路大震災」と呼称される未曽有(みぞう)の災害が起こったのは、1995(平成7)年1月17日火曜日、午前5時46分52秒。マグニチュードは7・3。死者6434人、行方不明者3人(2023年現在)、全壊家屋は10万4806戸に達していた。

『甲子園球場物語』(文春新書)によると、当時甲子園球場長だった竹田邦夫は、

「(甲子園が)潰れたのではないかと思って電話をかけたところ、宿直のガードマンが『大丈夫、建っています』と言ったので、腰が抜けそうになった」

と、動転していた気持ちを素直に吐露している。たしかに、甲子園球場は壊れずに「建っていた」が、もちろん100パーセント無事というわけにはいかなかった。

一塁側アルプススタンドの一部が崩れ、グラウンドと照明塔には亀裂が入った。関係者がほっと胸をなでおろしたのは、調査の結果、応急措置を施すことで、何とか復旧できる目途が確認できたときだった。

阪神・淡路大震災でひび割れしたスタンド(写真:共同通信社)

問題は2か月後に迫っていた高校野球の選抜大会である。被害の状況から、関係者を含めた多くの人たちは「開催は無理だろう」と考えていた。この非常時に野球などやっていては世間の顰蹙を買うのではないか、というわけである。

ところが、当時の牧野直隆高野連会長だけは違っていた。「こんなときだからこそ、絶対にやるべきだ。いや、やらなければならない」と、最初から「開催ありき」の考えを持っていたのである。

少し時間が経過し、被害状況が徐々に明らかになり始めると、甚大(じんだい)なダメージを負ったのは神戸市の東灘区と灘区、阪急電鉄と阪神電鉄のあいだに存在した東西方向に走る断層に沿ったエリアであることがわかってきた。甲子園周辺の民家や商業施設の被害は、他地区のそれよりも深刻さの度合いが低かったのだ。

被災地の人たち、そして被災者を物心両面にわたって支援している他地域の多くの日本人の心理も、前向きに変わっていった。いつまでも悲しんでばかりはいられない、といった空気が次第に支配的になってきたのだった。日本人の芯の強さが頭をもたげてきたのである。

間近に迫りつつある選抜高校野球大会についても「こんな時期の開催は非常識だ」から「無理してでも開催すべき」に変化していく。さらに、国（文部省＝現・文部科学省）からも非公式に「被災地を励ますためにも、開催できないか」との〝後押し〟が高野連に伝えられていた。

◉無名の人たちの心意気は、いまも球場に残る

地震発生からちょうど1か月が経過した2月17日、高野連と毎日新聞社は、第67回選抜高校野球大会を例年通り甲子園球場で開催することを決定する。1か月間にわたる議論の末に打ち出された大会の理念は「被災地を励まし、復興を支援する」だった。

ただし、「派手な応援は自粛する」「鳴り物は控える」「選手、応援団は（比較的被害の少なかった）大阪方面に宿舎をとり、バスではなく電車を利用する」「試合は1日3試合。ナイトゲームは極力避ける」などが通達された。これには、地元の西宮市甲子園地区の住民もまったく異論はなかったのである。

第67回選抜高校野球大会は、3月25日に開幕した。「被災地に希望を与える」趣旨から、兵庫県からは3校が選出された。神港学園（神戸市中央区）、報徳学園（西宮市上大市）、育英（神戸市長田区）である。

3校とも1回戦を勝ち上がり、神港学園は準々決勝まで勝ち進んだ。優勝は、準決勝で関西（岡山）を13対6で下した観音寺中央（香川＝現・観音寺総合高校）が銚子商（千葉）を4対0で下し、初の栄冠を勝ちとった。

ちなみにこの年の3月20日、選抜大会の開幕5日前には「地下鉄サリン事件」が発生している。甲子園球場も厳戒態勢が敷かれたが、大会は何事もなく「被災地の激励と復興の支援」という所期の目的を果たして、無事終了したのだった。

現在、甲子園球場の外野スタンドの入り口付近を歩くと、敷き詰められた褐色のレンガに何やら文字が入っていることに気が付くはずだ。これは、阪神・淡路大震災でガタガタになってしまった球場の周囲を修理・整備するために、一般の人や企業から寄付を募り、いくばくかのお金を提供した個人や企業の名前が記されたレンガなのである。
甲子園球場にはこのような無名の人たちの「心意気」も宿っている、といったら言い過ぎだろうか。

〝甲子園ドーム〟計画の顚末とは

●ドーム化は当時のプロ野球界のトレンドだった

阪神・淡路大震災が、現在に続く甲子園球場の歴史を大きく変える引き金になったことをご存じだろうか。それは、甲子園球場の「ドーム化」の話である。

日本のドーム球場は、1988（昭和63）年3月に開場した東京ドームを嚆矢とする。その後、1993（平成5）年4月に「福岡ドーム」（現・福岡PayPayドーム）が、1997（平成9）年3月には「大阪ドーム」（現・京セラドーム大阪）と「ナゴヤドーム」（現・バンテリンドームナゴヤ）がそれぞれ開場している。

いずれも人工芝が敷き詰められ、空調が効いた近代的な空間で、収容人員も3万6000人から4万人超。コンサートなど野球以外のイベント開催時には5万人を超す収容も可能（ナゴヤドームは5万667人）な巨大施設だ。

いずれのドームも起工から開場までに3年ほどかかっているので、計画はそれ以前、つまり開場の5〜6年前ごろに立案されているのである。

甲子園球場のドーム化が具体的にメディアに取り上げられたのは、1993（平成5）年のことだった。地元関西ローカル局のニュース枠で「阪神電鉄は今年（1993年）にスタートする西梅田での開発事業（オーサカガーデンシティ(1)）が終了する10年後を目途に、ドーム球場の建設を検討しています」と報じられたのだ。

計画は、1991（平成3）年に終焉したといわれている「バブル時代」に構想された。福岡や名古屋でドーム球場計画が具体化するなど、この時代は「ドーム化」がプロ野球界のトレンドの1つだった。さらに、阪神電鉄としては、甲子園球場の老朽化も悩みの種だったのである。

加えて、阪神電鉄甲子園駅の真下を走っている「甲子園筋（県道340号）」をはさんで東側に位置する「阪神パーク」(2)は累積赤字を抱え、ドル箱だった阪神タイガース自体の成績も芳しくなく、入場者数が漸減していたのが、この時代だった。

ドーム球場のメリットは、第1に試合の開催が天候に左右されない点だ。ほかに、施設の維

(1)オーサカガーデンシティー…JR大阪駅南西部の梅田貨物駅南ホーム跡地に開発された、オフィスビル、商業施設、ホテルなどで構成された超高層ビル群。

(2)阪神パーク…甲子園地域にかつて存在した遊園地。戦前は現在の鳴尾浜にあったが、戦後は甲子園球場の東隣に再建された。動物園のレオポン（ヒョウとライオンの異種交配）が人気だった。

持・管理が比較的容易で、コストがかからない点も魅力だし、さらにコンサートや展示会など多様なイベントの開催も可能。野球以外に活用範囲を広げることで施設の稼働が上がり、ひいては収入増が見込める、というのが阪神電鉄の目論見(もくろみ)だった。

事実、1990年代初めには、阪神電鉄の首脳がドーム化を念頭に置いて、ヒューストンのアストロドーム(3)などアメリカのドーム球場を視察している。阪神電鉄首脳陣が描(えが)いた構想は、赤字の「阪神パーク」を廃園にし、周辺の一部を買収して新たにドーム球場をつくろうというものだった。

◉なぜ、白紙撤回されることになったのか?

さて結果だが、結論からいうと、この計画は白紙撤回された。第1の要因は阪神・淡路大震災だったが、そのほか、計画をよく精査してみるとあまりにも実現に向けてのハードルが高かったからである。

まず物理的に、甲子園球場は市街地地域に位置し、周辺は住宅地や商業施設が密集している。大規模工事を行なうためには、周辺地域への環境配慮が欠かせない。具体的には、工事期間中に設定される足場の位置や高さ、機材の設置場所、発生する騒音などすべてをクリアしなければならない。

ドーム球場の建設費は、福岡ドームが760億円、ナゴヤドームが405億円、大阪ドームが498億円、最近では日本ハムの本拠地として2023(令和5)年に開場した「エスコンフィールド」が600億円といわれている。

もし、阪神がドーム球場を建設するとしたら、周辺地域の土地の買収等も含め、さまざまな問題を解決するために1000億円前後の費用がかかってしまうのもネックだった。さらに、完成後の空調のコストもばかにならない。甲子園球場は春、夏の高校野球からは使用料を徴収していない。日本高等学校野球連盟(高野連)に無償で施設を提供しているという事情もあるからだ。

しかも、ドーム化にもっとも強く反対したのは高野連だった。高校球児たちの憧れの〝聖地〟が屋根付きドームの人工芝球場では、あまりにもイメージから乖離(かいり)している。100年近い歴史を内包している〝聖地〟に「超近代化」はまったくふさわしくないというのである。

高校野球は、あくまでも太陽のもと、土のグラウンドで汗と泥にまみれながら、ひたすらボールを追いかける「原風景」に、全国の高校野球ファンも強いこだわりがある、という見解なのである。当然、各都道府県の高野連から反対の意見が寄せられたのも、想像に難くない。ス

(3)アストロドーム…1965年に開場したアメリカ・テキサス州ヒューストンにあった世界初のドーム球場。MLBアストロズの本拠地。2008年に閉鎖。2014年に歴史登録財に登録された。

ポーツ評論家の小林信也氏がいうように「高野連は変えることにアレルギーがある」というわけである。

かくして「甲子園ドーム」の構想は白紙撤回され、甲子園球場の老朽化は後述する大幅なリニューアルで対処することになる。「阪神パーク」は予定通り廃園になり、その跡地は三井不動産に貸与されることになった。現在は、商業施設「ららぽーと甲子園」となり、甲子園エリアの「ボールパーク」構想の核の1つになっている。

阪神タイガース、ついに復活す！

◉低迷脱出のキーワードはOBでない「熱血」リーダー

「負け癖のあるいまの阪神を再建できるのは、熱血型の西本幸雄さんか星野（仙一）しかいない」

当時の久万俊二郎オーナー(4)にこう言い残して阪神タイガースを去ったのは、2001（平成13）年までの3年間、監督を務めた野村克也だった。3年間の順位はいずれも最下位。それでも野村は続投する気満々だったが、沙知代夫人の脱税・逮捕事件で辞めざるを得なくなっていた。

OBでがっちり固められていたそれまでの阪神タイガースに「外様」の野村をあえて抜擢したのは、この久万オーナーだった。

この時代、低迷する阪神タイガースは1996（平成8）年には入場者数が186万人と前年比87パーセントにまで落ちこみ、ついに球団経営は赤字に転落した。1991（平成3）年から3年間、日本民営鉄道協会の会長も務めた久万オーナーは、古いしがらみにとらわれずに野村を招聘したように、改革ビジョンを持った決断力に富んだ経営者との定評が高かった。

野村が、自分を評価し、採用してくれた久万オーナーから後任の人事を尋ねられたときに直言した「阪神を変えるには強烈なカリスマが不可欠」は、久万に対する忌憚のない「本音」だった。

久万は星野に白羽の矢を立てる。野村と比較すると、星野の監督としての実績はけっして胸を張れるものではなかった。中日の監督だった1988（昭和63）年と1999（平成11）年にチームをリーグ優勝に導いてはいるものの、日本シリーズでは西武とダイエーにいずれも1勝しかできずに敗れ去っている。

星野は自著のなかで、「野村さんは弱者が強者に勝つ野球。私の場合は、弱者を強者にする野球」（『夢 命を懸けたV達成への647日』角川書店より）と自己分析している。過去の慣例にとらわれない、忖度なしの果敢さが何よりの持ち味なのである。

（4）久万俊二郎…1921～2011。兵庫県出身。1946（昭和21）年に阪神電鉄入社。1982（昭和57）年に社長、1992（平成4）年に会長。1984（昭和59）年からタイガースのオーナーを20年間務めた。

久万は星野に自分と似ている部分があると見たのかもしれない。事実、星野は久万に向かって「ここまで（阪神が）低迷したのは、失礼ですがオーナー、あなたの責任です」とあくまでも歯に衣を着せなかった。

じつは、星野は阪神ファンにとっては「遺恨」の対象になってもおかしくない〝にっくき敵〟でもあった。１９７３（昭和48）年、阪神がセ・リーグ優勝をつかみかけたラスト２試合の出来事には、星野が大きな役割を演じている。

6章でも記したように、この年、阪神は残り2試合のうち、1つでも勝てば優勝という状況で、10月20日のナゴヤ球場での中日戦に臨んだ。阪神のマジックナンバーは「1」。万全を期す阪神の先発は江夏豊。対する中日は星野仙一だった。

そして、星野は江夏に投げ勝った。2対4で阪神は敗れ、翌々日、甲子園球場で行なわれた最終の対巨人戦で、阪神は0対9の不甲斐（ふがい）ない負けを喫し、優勝を逃す。目の前で阪神の胴上げを絶対に見たくなかった星野の「負けじ魂」に、阪神は敗れたのだった。

◉「OBへの配慮なし」で息を吹き返したタイガース

星野が監督に就任して1年目の２００２（平成14）年、阪神はチーム史上2度目の開幕7連勝を成し遂げる。シーズン途中で故障者が出たこともあって、結果は4位に終わったが、この年の入場者数は267万8000人。前年の207万7000人に比べて129％の伸びを示していた。

星野は阪神OBを中心とする「ファミリー」から聞こえてくる〝外野の声〟を一切度外視した。「今岡（誠）[5]と井川（慶）[6]以外は全員トレード要員だから、覚悟しておけ」と全選手に向かって宣言。有言実行で、実際、3分の1以上の24選手を放出してしまった。

テーマは「血の入れ替え」。翌2003（平成15）年のコーチ陣は、投手コーチに元巨人の西本聖（にしもとたかし）[7]、バッテリーコーチには元広島の達川光男（たつかわみつお）[8]と、タイガースOBは守備走塁コーチの岡田彰布くらいで、まったくといっていいほどOBには配慮しなかった。

阪神は開幕から快進撃を続け、7月8日にはセ・リーグ史上最速となる優勝マジック49が点灯した。7月終了時点で2位に17・5ゲーム差の首位。18年ぶりのリーグ優勝を決めたのは9

(5)今岡誠…1974〜。兵庫県出身。内野手。2003（平成15）年に首位打者となり、リーグ優勝に貢献。2023（令和5）年の日本一では一軍打撃コーチとして貢献した。

(6)井川慶…1979〜。茨城県出身。投手。2006（平成18）年に5年連続2桁勝利を達成。2007（平成19）年にMLBニューヨーク・ヤンキースに入団するも、結果を残せず帰国した。

(7)西本聖…1956〜。愛媛県出身。投手。巨人時代、江川卓とともに一時代を築く。鋭いシュートが武器。引退後は阪神、ロッテ、オリックスで投手コーチを務める。

(8)達川光男…1955〜。広島県出身。捕手。北別府学、大野豊、川口和久など1980年代の広島投手陣をリードした。野村克也と並ぶ「ささやき戦術」の使い手。デッドボールのアピールが上手で、俗称「グラウンドの詐欺師」。

月15日だった。このシーズン、対巨人戦は17勝10敗1引き分け。なんとこれも18年ぶりの勝ち越しだった。

この年の甲子園球場の入場者数は３３０万人を数えた。巨人の３５０万人にはあと一歩及ばなかったものの、初めて３００万人を突破した。数字を見る限り、赤字になった１９９６（平成8）年の１・８倍の集客を記録したのである。

さらに、翌２００４（平成16）年は、４位に終わったにもかかわらず、３５２万３０００人。さらに2年ぶり９度目のリーグ優勝を果たした２００５（平成17）年は、３１３万２２２４人（２００４年までは各球団の担当者がスタンドの入りを見て概算を発表していたが、この年から正確な数字を計算して報告するようになったため数字が低い）と、ついには巨人の２９２万２０９３人を抜いて、トップに躍り出たのだった。

ちなみに、阪神がどん底だった１９９６年の巨人の入場者数は３４９万４０００人だった。巨人の約半分（53・２パーセント）しかなかったのに、わずか９年後には逆転してしまったのである。

監督は星野から岡田に代わっていたが、選手は「血の入れ替え」で獲得した金本知憲(9)、伊良部秀輝(10)、下柳剛(11)らの活躍が原動力になっていた。その後、セ・リーグの入場者数のトップは２０１１（平成23）年まで阪神が7年間維持した。

阪神復活の原動力は、一にも二にも「血の入れ替え」だった。2018（平成30）年のJタウンネット研究所によるアンケート調査「阪神歴代監督『好感度』ランキング」では、1位の野村に続き、星野が2位に入っている。

ファンはタイガース出身者には、あまりこだわっていないのだ。厳しく指導して強いチームをつくってくれる監督を評価しているのである。

阪神タイガースは、この時期から日本一の人気球団の道を歩み始めた。2023（令和5）年のセ・リーグ入場者数第1位は阪神。291万5528人はリーグ全体の20パーセント、1試合平均4万1064人は、巨人を2919人上回る12球団ダントツの1位である。

名実ともに日本一になった阪神タイガースのホームグラウンド甲子園球場は、いまや、日本でいちばんチケットが取りにくい球場となっているのである。

(9)金本知憲…1968〜。広島県出身。外野手。2006(平成18)年、904試合連続フルイニング出場の世界記録を達成。勝負強さと選球眼に優れたスラッガー。
(10)伊良部秀輝…1969〜2011。沖縄県出身。投手。ロッテからMLBニューヨーク・ヤンキースなどを経て帰国。2度のワールドチャンピオンに輝いている。速球とフォークボールが武器。
(11)下柳剛…1968〜。長崎県出身。投手。八幡大(現・九州国際大)中退後、新日鉄君津を経てダイエーに入団。その後、日本ハム、阪神、東北楽天と渡り歩いた通算627試合登板の鉄腕。シャイだが研究熱心さには定評があった。

阪神園芸の整備は、なぜ〝神〟と讃えられるのか？

◉本拠地の「内野が土」は、12球団で唯一

阪神復活の陰には、阪神タイガースという球団と、その本拠地である甲子園球場、さらに熱烈なファンが醸し出す総合的な「底力」を無視するわけにはいかない。その1つが、あの土のグラウンドではないだろうか。

2023（令和5）年現在、プロ野球12球団の本拠地球場で天然芝を使っているのは北海道日本ハムの「エスコンフィールド」、東北楽天の「宮城球場」（楽天モバイルパーク）、広島東洋の「広島市民球場」（マツダZoom-Zoomスタジアム広島）、そして「甲子園球場」の4つしかない。

このなかで、内野も天然芝で覆われているのは、エスコン、宮城、広島の3球場。唯一甲子園球場の内野だけが剝き出しの土でできている。テレビで映し出されるMLBの球場は、近年天然芝が主流になりつつあるが、それでも内野が土の球場は皆無である。

ではいったい、なぜ甲子園だけが、いつまでたっても内野が土のままなのだろうか。

◉「土の内野」でなければならない理由とは

この至極単純で素朴な疑問の答えは、甲子園球場でプレーする選手にとって土のほうがよほ

どプレーしやすく、かつ条件が平等だからだ。いや、言葉を換えれば、実力通りのプレーができ、ゲームの流れを大きく左右するハプニングが起こらないようにするためなのである。

ゴルフをする人ならおわかりいただけると思うが、天然芝は想像する以上にデリケートで傷つきやすい。とくに歯の出たスパイクで思いっきり走ったり跳(と)んだりすれば、ひどいときには芝は掘り返され、その後は凸凹(でこぼこ)になってしまう。だから、ゴルフ場のグリーンではプレーヤーは絶対に走ったり跳んだりはねたりはしないし、そもそもしてはいけない。

では、なぜ外野は天然芝なのかというと、その芝に覆われた面積の広さにくらべて選手が行動する範囲が狭いからである。つまり、プレーで芝を傷めるケースも箇所も比較的少ない。さらに飛んでくる打球もバウンドが少なく、それも内野に飛んでくるボールほど勢いはない。しかし、内野は違う。外野にくらべてその面積は狭いし、飛んでくる打球の数は外野より断然多い。選手もこの狭いエリアにピッチャーを含めて5人もいる。

当然、ゴロやフライを処理するためには、前後左右に激しく動かざるを得ない。それだけ、スパイクで芝が傷めつけられるケースが多いことになる。

では、MLBはもちろん、日本でも3つの球場の内野が天然芝で覆われているのはなぜなのか。それは多くの場合、1日1試合しか行なわれないからである。グラウンドの傷み具合、つまりプレーする選手が受ける影響と、観客から見た球場の非日常的な美しさ、選手の足腰にかける負担を秤にかけた場合、やはり「天然芝のほうがいい」との判断だと思われる。

しかし、甲子園球場は春の選抜、夏の選手権と高校野球の大会が年に2回開催される。夏の選手権の場合は1日4試合、春の選抜でも3試合。時間もタイトに設定されているので、整備にかけられる時間は限られている。もし内野も天然芝にすれば第1試合と第4試合のグラウンド・コンディションは著しく異なったものになってしまう。

甲子園球場のグラウンド整備に命を懸けているといってもいいほど気を使っている阪神園芸の金沢健児氏は、

「高校野球で使うので、傷んだ芝で試合を続けなければならないのは、絶対に避けなければなりません。しかし、土であれば、その都度整備して荒れた部分を修復できます」

と自著『阪神園芸 甲子園の神整備』（毎日新聞出版）のなかで述べている。なるほど、じつにわかりやすい。要は、甲子園という野球場は高校野球を無視しては考えられない球場なのである。

◉泥田が4時間半後には「いつものグラウンド」に

金沢氏は、甲子園球場の土のグラウンドの評価について、象徴的な出来事を自著の冒頭で書いている。２０１７（平成29）年10月17日に甲子園球場で行なわれたセ・リーグのクライマックスシリーズ（CS）の第1ステージ。シーズン2位の阪神対3位の横浜DeNAの第3戦のことである。

このCS、第1戦は阪神が継投策で乗り切り、2対0で先勝。続く15日は朝から雨。それでも1時間3分遅れで試合は開始された。日程が詰まっていたからだった。

雨はますます激しくなる一方で、まるで泥田のなかで試合をしているようだった。結果は横浜DeNAが13対6で勝ち、タイに持ちこむ。しかし、内容はとてもまともな野球の試合とはいえないひどさで、3回表、横浜の4番打者、筒香嘉智(12)が内角のボールを軽く避けようとしただけでスリップ、全身泥まみれになったシーンが最悪のグラウンド状態を象徴していた。

翌16日も終日雨。17日も朝から雨で、止んだのは午前11時過ぎ。この時点でグラウンドは誰が見ても野球などできる状態ではなかった。

しかし、これが4時間半後には何事もなかったかのように、いつもの甲子園球場のグラウンドに戻っていたのである。阪神園芸による、神業ともいえるグラウンド整備の底力が、このときから、多くのファンや選手、野球関係者の頭に強く焼きつけられ「伝説」となったのである。

2017年10月17日の〝奇跡〟でもわかるように、甲子園球場の水はけの良さは折り紙付き

(12)筒香嘉智…1991～。和歌山県出身。外野手。横浜高からドラフト1位で横浜（現・DeNA）に入団。2020（令和2）年にMLBタンパベイ・レイスと契約。パワーが持ち味の強打者。

2017年10月17日、試合前に整備を行なう阪神園芸のスタッフ（写真：共同通信社）

だ。金沢氏はその理由を「土を頻繁に掘り起こすことで、水が深く浸透します。掘り起こさない土は表面が硬くなり、水が溜まりやすくなりますから」という。毎年冬のあいだに行なわれる、他に類を見ない表面30センチの深さまでの掘り返し作業が、甲子園の土の秘密に隠されているのである。

チームの成績が上向き始めると、当然詰めかけるファンも増えてくる。そのファンが心底満足する選手たちの好プレーを陰で演出しているのが、舞台装置であるグラウンドと、それを怠りなく管理しているグラウンドキーパーたちだ。

甲子園球場の外野スタンドの下にある「甲子園歴史館」には、そのグラウンドの断面図が展示されている。阪神タイガースの復活劇は、甲子園という「舞台」のすばらしさと、どこかでつながっているような気がしてならない。

初のパ・リーグ主催試合で東北楽天が見せた底力

◉甲子園球場のスタンドが、えんじ色に染まった

2011（平成23）年4月15日の甲子園球場は、いつもの黄色と黒のタイガースカラーではなく、クリムゾンレッドのえんじ色に染まっていた。この日のゲームの主催者は、阪神タイガースではなく、東北楽天ゴールデンイーグルスだったからだ。公式戦初のパ・リーグ球団主催のゲーム。場内の至る所に「がんばろう、東北」と大書された看板が掲げられていた。

この年の3月11日金曜日午後2時46分18秒、マグニチュード9・0の大地震が発生した。東北地方を中心に12都道府県で2万2318人の死者・行方不明者（震災関連死を含む）を出した、「東日本大震災」である。

東北楽天の本拠地球場、Kスタ宮城（宮城球場＝日本製紙クリネックススタジアム宮城）がある仙台市では震度6を観測。市内には半分崩れかけた建物も目立ち、海岸に近いエリアでは津波で家が流され、交通も物流も電気もほとんどマヒ状態になってしまった。

東北楽天は3月25日に本拠地球場のKスタ宮城でロッテ相手に、球団創設以来初の本拠地での開幕戦が予定されていた。そこへ襲ってきたのがこの日の東日本大震災。Kスタ宮城も照明塔に47か所の損傷が確認されるなどの被害が発生。しかし、それ以前に、仙台市を含めた東北の太平洋岸の多くは激しい津波に襲われ、そもそもとても野球の試合ができるような状況ではなくなっていたのだった。

セ・パ両リーグは、全体の開幕日を4月12日に延期することを決定した。東北楽天の開幕戦はQVCマリンフィールド（千葉マリンスタジアム、現・ZOZOマリンスタジアム）の対ロッテ戦。主催試合は4月15日からの甲子園球場での対オリックス3連戦に決まったのだった。

この時期、神戸市のほっともっとフィールド神戸（神戸総合運動公園野球場）では関西の大学野球が予定されていた。プロ野球の公式戦が可能な球場は、甲子園しかなかったのである。

◉奮起した打線、熱投した高校野球のヒーロー

東北楽天の主将・嶋基宏(しまもとひろ)[13]が「見せましょう、野球の底力を！」との印象的なフレーズでスピーチを締めくくったのは、この年の4月2日、3日に行なわれた「プロ野球12球団チャリティーマッチ・東日本大震災復興支援試合」（オープン戦）の札幌ドームでの対北海道日本ハム戦の試合前のセレモニーでのことだった。

被災地・東北へのエールは全国規模への広がりを見せ、東北もみずから「底力」を見せなければ、と、4月に入ると悲しんでばかりはいられない雰囲気に、徐々に変わっていった。

甲子園球場での初めてのパ・リーグ所属球団の主催ゲーム。東北楽天の先発投手は高校時代

合計12試合で甲子園のマウンドを経験している田中将大(14)だった。観客はさすがにタイガース戦なみとはいかず、1万5562人。それでも星野監督は「よく入ってくれた」と顔をほころばせた。

試合は2対0で東北楽天がオリックスを下した。田中が完封し、打って走ったのはベテランの山崎武司(15)。田中はヒーローインタビューで「甲子園（高校野球）では一塁側ベンチで負けましたが、今日は勝ちました。絶対に勝たなければならない試合だったですから」と、この日が〝特別〟だったことを強調した。

関西の地から被災地の人たちに「東北の皆さん、やりました！」とメッセージを発した東北楽天のナイン。なかでも高校時代に甲子園のヒーローだった田中の活躍は、舞台を提供した甲子園球場の歴史にも新たな1ページを記した試合だった。

東北楽天がこの後、本拠地のKスタ宮城での初戦を迎えるのは、4月29日の「震災復興キックオフデー」の対オリックス戦まで待たなければならなかった。

(13)嶋基宏…1984～。岐阜県出身。捕手。的確なスローイングとインサイドワークが持ち味。2012（平成24）年オフ、日本プロ野球選手会の第8代目会長に史上最年少の27歳で就任。趣味は読書。

(14)田中将大…1988～。兵庫県出身。投手。2013（平成25）年、日本プロ野球史上4人目のシーズン勝率10割（24勝0敗）を達成。2014年から2020年までMLBニューヨーク・ヤンキースに在籍。2021年より楽天に復帰。

(15)山崎武司…1968～。愛知県出身。外野手、一塁手。中日、東北楽天で通算27年間にわたって活躍。史上3人目のセ・パ両リーグでの本塁打王達成者。愛称は「ジャイアン」。

8章――大改修され、次の100年へ

◉2007年〜2024年

平成の大リニューアルのコンセプトとは

◉球場は「過去」と「未来」を橋渡しする場所

「球場」とは、国語辞典的には「野球という競技ができるスポーツ施設」という説明で事足りてしまうのだが、実際の球場はけっしてそのような無味乾燥で無機な存在ではない。たとえていえば、古民家の壁や床、縁側の一つひとつに先人たちの生活の匂いがしみこんでいるように、球場も幾多（いくた）の過去の出来事を背負っているのである。

野球ファンであれば、スタンドの椅子に腰かけて目をつぶると、瞼（まぶた）に浮かんでくる「あのとき」の光景や歓声、選手の一挙手一投足が、昨日のように浮かび上がってくるはずだ。

「球場」は、そういう意味では「生き物」だ。過去と現在、そして未来までも包括してしまう独特の空間。だから、人々はこの空間を特別視して思い入れを強くする。球場は過去と未来の橋渡しをする、かけがえのない存在だといったら言い過ぎだろうか。

メジャーリーグでもっとも古い球場は、2024(令和6)年現在、吉田正尚(よしだまさたか)(1)が在籍するボストン・レッドソックス(2)の本拠地「フェンウェイ・パーク」だ。1912(明治45)年開場。右中間(115・8メートル)にくらべ、左翼(94・5メートル)が極端に狭い超変形球場で、左中間は高さ11・3メートルの壁が立ちはだかり「グリーン・モンスター(緑の怪物)」の異名(いみょう)で有名になっていることは日本でも知られている。

観客席の狭さ、視界をさえぎる柱など、観客にとってはけっして居心地(いごこち)のいい球場ではない。選手にとっても同様で、狭いロッカールームと通路などには不満の声が上がっていた。

しかし、この球場の持つ歴史的な重み、独特の雰囲気をファンはとても気に入っているし、大切にしている。そのため、いまではMLB30球団の本拠地球場のなかでもっともチケットの入手が困難な球場といわれている。

もちろん、過去何度か新球場の建設計画があり、公式発表までされているのだが、その都度(つど)計画を潰したのは、ほかならないボストンのファンだった。

(1)吉田正尚…1993〜。福井県出身。外野手。青山学院大から2015(平成27)年にドラフト1位でオリックスに入団。日本での通算打率は7年間で3割2分7厘。愛称は「マッチョマン」。

(2)ボストン・レッドソックス…MLBアメリカン・リーグ東地区に所属。ワールドシリーズ優勝過去9回。ニューヨーク・ヤンキースとはライバル関係にある。

つまり「フェンウェイ・パーク」はボストン市民にとって「町にある単なる野球場」ではないのである。事実、ボストンではアメリカ最古の都市公園「ザ・コモン」(3)と同様のランドマーク的な存在で、オーナーのジョン・W・ヘイリーは「パリにエッフェル塔があるように、ボストンにはフェンウェイ・パークがある」と公言しているのだ。

◉歴史と伝統と風格を大切にする甲子園

さて、前置きが長くなったが、歴史のある「球場」を、リニューアルを加えながら維持していくのか、それともまったく別のものにしてしまうかは、なかなか悩ましい問題である。

具体的には、リニューアルをしながら原型を維持している「フェンウェイ・パーク」や、鈴木誠也(4)が在籍するシカゴ・カブス(5)の本拠地で1914(大正3)年に開場した「リグレー・フィールド」のような「維持型」もあれば、2009(平成21)年にまったく別の球場に生まれ変わったニューヨークのヤンキー・スタジアム、後楽園球場に代わる「東京ドーム」の例もある。

阪神電鉄は、20世紀の終わりにドーム球場を断念した時点で、従来の甲子園球場をリニューアルする「維持型」に舵(かじ)を切った。そして甲子園ならではの「歴史」と「伝統」と「風格」は、リニューアルするなかでもきちんと「原型」を維持していく方針をはっきりと打ち出したのだった。

これは日本の球場としては珍しいケースだ。プロ野球球団の本拠地球場としては、戦前に建設され現在まで残っているのは、甲子園球場から2年遅れで1926（大正15）年に開場した神宮球場（正式名称は明治神宮野球場）だけになってしまった。その神宮球場も、エリアの再開発によってまったく新しい球場に生まれ変わる可能性が濃厚なのである。

「フェンウェイ・パーク」も「リグレー・フィールド」も、リニューアルはしているが「歴史」と「伝統」と「風格」をきちんと維持している。このあたりがなんともアメリカらしいのだが、「フェンウェイ・パーク」の象徴は「グリーン・モンスター」であり、「リグレー・フィールド」は外野のフェンスを美しく覆っている「蔦（つた）」なのである。

そして、甲子園球場の「歴史」と「伝統」と「風格」の象徴を挙げるとしたら、やはりあのセンター後方に位置する、真ん中の時計塔がじつに据（す）わりのいい、漆黒（しっこく）のスコアボードなのではないだろうか。

(3)ザ・コモン…1634年に創設されたマサチューセッツ州ボストンの中心部にある公園。面積は20ヘクタール。

(4)鈴木誠也…1994〜。東京都出身。外野手。2012（平成14）年にドラフト2位で広島に入団。日本での通算打率は9年間で3割1分5厘。

(5)シカゴ・カブス…MLBナショナル・リーグ中地区に所属。ワールドシリーズ優勝過去3回。MLB屈指の人気チーム。オーナーの意向で本拠地での試合は長年デーゲームで、初めてのナイトゲームは1988（昭和63）年。

スコアボードはどう進化したのか？

◉2代目は「独特の手書き文字」がトレードマーク

１９５４（昭和29）年３月31日、アメリカを中心とした連合軍（進駐軍）による甲子園球場の接収が全面的に解除された。このとき「復帰」を記念して設けられたのが、甲子園球場の象徴ともいえるスコアボード中央にひときわ高くそびえる時計塔だった。

１９２４（大正13）年の開場時の初代スコアボードは、突貫工事のためもあってか、イニング表示だけの簡素なもので、センターからやや右翼寄りの位置に設置されていた。

１年後には、選手名も表記されるようになり、左側は２段にわたってチーム名と選手名、真ん中には「ストライク」「ボール」「アウト」の表示、そして右側には１段で得点を記入するイニング表示が続いていた。つまり、左側の両チームメンバーが書かれた部分だけが高くなった、左右非対称の形状だったのである。

その後、１９３４（昭和９）年の開場10周年を記念して、２代目のスコアボードが登場する。現在に近い左右対称型になり、設置場所も中堅後方に落ちついたが、現在のような威風堂々感にはいささか欠けていた。しかし、真ん中に時計塔が配されたことで、じつに据わりがよくなったのである。この２代目は１９８３（昭和58）年まで使用された。

半世紀にわたって甲子園球場のセンター後方に鎮座していたこのスコアボードの特徴は、第1に前述した時計塔、第2に漆黒の地に真っ白な数字と文字で描かれたコントラストの妙、そして第3にその独特の字体なのではないだろうか。

とくに、あの明朝体風の文字は、個人的にも子供のころからテレビで高校野球の中継を観るたびにとても気になっていた。チーム名、選手名が試合ごとにがらりと変わる高校野球では、すべてが手書き風に見えたからだ。

実際、その通りで、試合が終わればすぐに次に備えなければならないので、塗料は簡単に消せるように石灰を水で溶かしたものが使われていた。字体は通常の明朝体よりはかなり横幅が広い、少しひしゃげた形になっていた。おそらく3文字の苗字に対応するためにそうせざるを得なかったのだろう。

個人的に鮮明に記憶に残っているのは、1969（昭和44）年夏の選手権大会で松山商（愛媛）と死闘を演じた三沢（青森）のある選手である。捕手で2番を任されていた小比類巻英明[6]の4文字の苗字がなんとも窮屈すぎたことだった。

さすがにプロ野球の選手名は、なかば固定されているので消えないような処理が施されてい

（6）小比類巻…全国で約1000人という珍しい名字。青森県三沢市周辺に多く見られる。アイヌ語で「窪地」の意味が語源とされる。

たのだが、高校野球は水溶性の塗料（石灰）を使っていたので、雨が降ってくると文字が流されて読みとれなくなってしまうこともしばしばだった。係の人は、仲間内でこれを「鼻垂（はなた）れてもうた」と呼んでいたというエピソードも伝えられている。

甲子園歴史館の内部には、この手書きの文字板が展示されている。1984（昭和59）年に選手名や得点スコアの表記が電光化されるまで、スコアボードのなかでは文字書きを行なう職人さんたちが働いていた。

「岡田」「バース」などの実物大の「名板」の横には「長年スコアボードから映し出されて来た人間味あふれる文字は、甲子園球場特有の味わいを演出し、手書きから電光式に姿を変えた今、継承されている」との説明文が添付され、左手に塗料を入れた「やかん」、右手に筆を持った職人さんの真剣な表情の写真も添えられていた。

名板の重さは約7・8キログラム。作業は狭いスコアボードの内部。夏場は屋外以上の暑さで、説明の文言の最後は「大変な苦労を要した」と締めくくられていた。

◉カラー化やLED化で、3代目は多彩な表示が可能に

スコアボードは開場60周年を機に近代化された。1984年のことである。「2代目」の雰囲気を継承しなければならないので、全体は黒く、文字や数字は白くなければならない。このとき、日本では初めての白色電光を用いた白黒ボードが完成したのである。

その後のスコアボードの変遷を年代順に追いかけてみる。

＊１９９３（平成５）年……カラー化される

＊１９９７（平成９）年……左側の選手名部分の多色表示が可能になる。打席に立っている打者の名前の上部に赤いラインが点灯するようになる

＊２００５（平成17）年……オーロラビジョンがブラウン管からＬＥＤに変更され、よりクリアになる

＊２００９（平成21）年……銀傘の変更にともない、ネット裏のサブスコアボードが自由な表現が可能な「フリーボード」に変更される。高校野球開催時は、イニングスコアの10回部分をなくし、1～9回までの表示とし、その代わり、チーム名を3文字から4文字に表記できるようにした

＊２０１１（平成23）年……左側の選手名部分を動画も表示できるよう、ＬＥＤのフリーボードに変更。中央下部のプレー記録（ヒット、エラー、野選）表示と、審判員の表示が統合されＬＥＤ化された。試合経過時間、

守備交代経過時間も同じ画面で表示されるようになった。また上から「ＳＢＯ」だったボールカウント表示が「ＢＳＯ」に変更、投球数も表示されるように

＊２０１９（平成31）年……スコアボードを一面の大型ビジョンに変更

このようにスコアボードは、半世紀にわたって使われた「2代目」にくらべると「3代目」はまさに日進月歩。新しい技術が次々と導入されている。

攻撃チームの打席に立っている選手名の上部に赤い線が入るのは当然として、いまではランナーとして出塁している選手名の上部に緑色の線が、さらに次のイニングで最初に打席に立つ予定の選手名の上には白色の線がそれぞれ入っている。ランナーが出塁しているとき、どの塁にいるのかについても、ベースが緑色で表示されている。

加えて、投手の球速表示も、プロ野球では１９９２（平成４）年から、高校野球でも２００４（平成16）年春の第76回選抜大会から、投球するたびにキロメートル単位の数字がオーロラビジョンで表示されるようになった。さらに、プロ野球では２０２０（令和２）年からはトラックマン(7)が導入され、２０２１（令和３）年以降は、阪神の打者の球速（キロメートル）、飛距離、角度もオーロラビジョンで表示できるようになったのである。

そして高校野球でも、２０２０年春の第92回選抜大会からは登板中の投手の投球数が表示されるようになった。高野連がこの年、投手１人あたりの１週間の総投球数を「５００球以内」に制限するルールを設けたことによるためだった。

この年の高校野球の甲子園での大会は春、夏ともに、新型コロナ禍によって開催されなかった（夏は交流試合を開催）が、球数の表示は、観客サービスの面だけではなく、球児たちの「投げ過ぎ」による健康管理にも一役買うようになったのである。姿形こそ昭和の趣を現在に伝えている甲子園球場のスコアボードだが、その中身は、ここにきて長足の進歩を遂げている。

そして、もう１つ。甲子園球場とは切っても切れない「歴史」と「伝統」と「風格」の象徴が現在にまでしっかり受け継がれているのだ。それが球場の外壁を覆っている「蔦」である。

全国の高校が協力した、蔦の「里帰り作戦」とは

◉球場外壁の改修工事で刈り取られた蔦

２００７（平成19）年10月から始まった甲子園球場のリニューアル、いわゆる「平成の大改修」のコンセプトは「歴史と伝統の継承」である。阪神電鉄はドーム化という時代のトレンドにあ

（7）トラックマン…デンマークのTRACKMAN社が開発した弾道測定機器のこと。迎撃ミサイル「パトリオット」の開発で生まれた技術を転用。ボールの球速のほか、回転数、変化の大きさ、ホームベース到達時の位置などが計測できる。

えて背を向け、舵を180度逆の方向に切ったのだった。長年ファンに親しまれた「歴史」と「伝統」と「風格」という「財産」を残しつつ、老朽化にともなう施設の安全性と快適性はきちんと手直ししていこうという方針の追求でもあった。

甲子園球場の外壁を覆う蔦が誕生したのは、1924（大正13）年の12月だった。この年の8月1日にオープンしたときの球場（甲子園大運動場）の壁面は、コンクリートが剝き出しのなんとも味気ないものだった。

当時の阪神電鉄専務・三崎省三と部下の技師・野田誠三が、見た目がよく、コストも安く抑えられるいい方法は何かないだろうか、と思案した末に実現したこの蔦は、甲子園球場の「歴史と伝統の継承」を具現化している象徴的な存在だった。だから、前述したMLBリグレー・フィールドの外野のフェンスを覆う蔦同様、けっして取り除くわけにはいかなかったのである。「大改修」の工事では、球場外壁の増強が必須事項だった。そのためには、この蔦が妨げになってしまう。必然的に一定期間、蔦を全部刈り取らなければならない。そして、工事が終了した時点で新しく蔦を植え、外壁を覆いつくすまで成長を待たなければならなかったのだ。相手は生きている植物。方法はそれしかないのである。

蔦の伐採はひと足早く、2006（平成18）年の10月から始まった。外壁改修のために組まれた足場を覆うパネルには、一面に蔦の絵柄が描かれたが、本物の蔦は刈り取られてしまった。

◉里帰りした蔦は、これからも伝統を紡ぎ続ける

さて、改修が完成した後、新しい蔦はどこから調達するのか。一般的には新しい株を購入して植え付ければ、何年か後にはまた、元通りに壁面を覆ってくれることはわかっていたが、それではそもそも「歴史と伝統」のキャッチフレーズにはあまりにもそぐわない。そこで、阪神電鉄は次の3つの方法を考え出したのである。

1つは別の養生地で育てた苗を植樹する。つまり、これまで生えていた蔦から種子を採取して、奈良や和歌山の養生地で育成する方法。2つ目は既存の蔦の根元を切断し、新たな根が生えた株を養生地で育成する方法。

そして3つ目が「里帰り作戦」と称する、画期的なアイデアである。これは20世紀最後の2000（平成12）年、高校野球20世紀メモリアル事業の一環として、日本高等学校野球連盟が、夏の地方大会に先立って高野連加盟全4170校に蔦の苗木を送り、各校がそれぞれで育て、それを改修後の甲子園球場に戻してもらう――つまり「里帰り」してもらおうというアイデアである。

いずれの方法も、甲子園球場の蔦は、まったく別のところからとってくるのではなく、甲子園球場で生まれ育った蔦でふたたび外壁を覆ってこそ価値があるのだという発想である。とくに「里帰り作戦」は、全国の高校球児を巻きこむ話題性に富んだ企画だった。

苗木を送られた学校のなかから233校が選ばれた。細かい確認がとれない学校については、阪神園芸の係員が直接足を運んで回収した。そして、2008（平成20）年6月14日、「里帰り」した蔦が甲子園球場に再び植え替えられたのである。

甲子園球場のレフトスタンドの外、甲子園歴史館の入り口横の照明塔の支柱に取り付けられたプレートには「ツタの里帰り／2000年に全国の高等学校野球連盟加盟校に送られ、各校で育まれた『甲子園のツタ』がリニューアルにともない、阪神甲子園球場へ里帰りしました」との文言と「ツタの里帰り」参加校の校名が都道府県別に列挙されている。

この「里帰り」した蔦は、その後順調に生育を続け、2015（平成27）年には、一部の外壁ではすでに最上部にまで達し、15年目の2022（令和4）年には日当たりの少ない球場正面横の部分も、生い茂った蔦で覆われ、甲子園球場らしさを醸し出している。

蔦は害虫発生のリスクが高くなるほか、建物へのダメージも懸念されるし、メンテナンスにもコストがかかり、カビが発生しやすいなど、マイナス面も無視できない。けっしていいことずくめではないのだが、そこをあえて、効率よりも「歴史」と「伝統」と「風格」を優先したのが、甲子園球場を運営する阪神電鉄の一本筋の通った考え方なのである。

見た目の格好よさ以上の「歴史の重み」が、甲子園球場を取り巻く蔦の葉の一枚一枚にしっかりと宿っているような気がしてならない。

いつの時代も、阪神電鉄は「顧客本位」が原点

いる。

◉甲子園駅のホームに降りたときから、サービスは始まっている

顧客サービスの点で、関西の鉄道は関東にくらべると一日の長があると個人的には確信している。

たとえば、関東では最前部（最後部）に組みこまれている女性専用車が、関西では多くの路線で編成車両の中間に位置している。乗降時にはなるべく長い距離を歩かせない配慮からだという。ほかにも、阪神、阪急などでは、車両は19メートル3扉が標準仕様で、新造の車両の座席は席をセパレートする仕切りが取り付けられ、乗客に快適に座ってもらおうという、これも細かい配慮が感じられる。

さらに、車内の照明にはカバーが付けられている点も、剝き出しの蛍光灯が主流の関東の電車とは大きく異なっている点だ。おそらく、戦前から路線が競合する阪神、京阪間での顧客獲得サービス競争の〝遺伝子〟が現在にまで影響していると思われる。国鉄民営化以降はこの私鉄間の競争にJRも加わり、いい意味でしのぎを削るようになったので、利用するほうとしてはうれしい限りである。

このような「文化」が内包された阪神電鉄も、工夫を凝らして顧客サービスの充実を図って

いる。その代表的な事例が、甲子園球場の最寄り駅、阪神電鉄本線の甲子園駅で見られる。

甲子園駅はかつての枝川の上に設けられた橋上の高架駅で、3面4線（ホームが3面で線路が4本）の構造になっている。1、2番線が、大阪梅田方面に向かう上り。3、4番線は神戸三宮方面への下り。そのほかに下り降車専用ホームがある。

降車専用ホームはもっとも海側（球場側）に位置し、1階の自動改札に直結。甲子園球場へ向かう最短ルートになっている。甲子園駅で下車する乗客は、本線の大阪梅田方面からと、なんば線の大阪難波方面からを合わせると約70パーセント。残りの30パーセントが神戸三宮方面から、というデータがある。

阪神タイガースの試合が開催されるときは、大阪梅田から臨時特急が運行され、4番線ホームと降車専用ホームのあいだに停車する。乗客の多くは、駅員に誘導され、降車専用ホームから改札を通って球場を目指す。ここから阪神電鉄独自のオペレーションが始まる。

この4番線ホームと降車専用ホームのあいだに停車した電車は、すべての車両の両側のドアが開放されるのだ。しばらくすると次の下り電車が3番線に到着し、多くの乗客がホームに降り立つのだが、そのとき、4番線に停車している電車は両側の扉がすべて開放されているので、乗客は車両を通路代わりにして、降車専用ホームに誘導されるのだ。

目的はホームの混雑を避けるためだ。これは、甲子園球場を目指す野球観戦者の駅構内での渋滞を軽減するために考え出された、一種の顧客サービスなのである。

大阪梅田発で途中駅ノンストップの甲子園行き特急は、阪神戦がある場合、1試合あたり1～4本が運行される。ナイトゲームの場合は、乗客が到着するピーク時が午後5時前後に集中するので、それに合わせて臨機応変に対応しているのである。

プロ野球12球団の本拠地球場の最寄り駅のうち、西武ドーム（ベルーナドーム）の最寄り駅である西武鉄道狭山線の西武球場前駅は頭端式(8)の3面6線（ホームが3面で線路が6本）の広さで客をさばいているが、甲子園駅は途中駅である。ましてや東京ドームや神宮球場のように、複数の路線の駅が徒歩圏に存在するわけでもない。そのような状況のなかで考え抜かれた顧客サービスなのだ。


◉「目新しいもの＝すばらしいもの」ではない

甲子園球場が顧客サービスを真剣に考えるようになったのは、21世紀に入って「お客さまの声」により耳を傾けるようになったからだ。

「（当時の）椅子の幅は、極端に狭い。隣のおじさんと腕がくっついてしまうのが不快。通路

(8) 頭端式ホーム…始発駅、終着駅などで見られる線路の終端側に改札や階段があるプラットホーム。上野駅地平ホーム（13～17番線）が代表的な例。

に出るための苦労も心が折れてしまいそうで、そのたびに他人の荷物を蹴飛ばしそうになる」とは、100か所以上の球場に足を運び、『日本の野球場100選巡礼～スタジアム漫遊記～』（彩流社）を著している久保田登志雄氏の体験談である。

事実、改修前は、大人が座ると膝が前の背もたれに当たりそうになるほど座席間隔が狭く、スタンドを縦に移動する通路も少なかった。トイレや売店に行くには同じ列の人に順番に立ち上がってもらわなければならなかったのである。

「平成の大改修」では、この点も改善した。内野席の座席の前後間隔を従来の60～90センチメートルから80～90センチに、アルプススタンドと外野席は60センチから65センチに統一。さらに、横に並ぶ座席数については、内野席は10席以下、アルプスと外野席は16席を標準とし、そのぶん、縦の通路を増やしたのだ。

この結果、総座席数は従来の5万4554席から4万7508席に減ったが、ファンに気持ちよく野球を観戦してもらうためには、絶対に必要な措置だったのである。

甲子園球場のリニューアルは2007（平成19）年から3年間にわたって実施され、かかった費用は約200億円だといわれている。座席を広げたり、外壁を新しくしたりなど、見た目にはさして新しさは感じられないかもしれないが、それはあえて「歴史」と「伝統」と「風格」をあくまでも残していこうとする改修の「コンセプト」を優先した結果なのである。「目新しいもの＝すばらしいもの」という考え方は、ここ甲子園球場にかんする限り、通用しないのだ。ただし、甲子園球場の周囲は地元西宮市の意向も反映して、野球を中心としたアミューズメントとアメニティを提供するエリアに徐々に変貌し始めている。

野球を観戦する前後の時間を楽しく過ごすための商業施設の筆頭は、ドーム化が計画された元阪神パークの跡地に2004（平成16）年に完成した「ららぽーと甲子園」だ。中核店舗に「イトーヨーカドー」と「キッザニア甲子園」が入り、150あまりの店舗が敷地面積8万6000平方メートルに集まっている。2017（平成29）年には大規模な改装も実施されている。

甲子園駅前にあった甲陽学院高校の跡地は「プランタン甲子園」「ダイエー」「イオン」を経て、現在は「コロワ甲子園」という、これまた商業施設に替わった。そして駅から球場へ続く道路は「タイガースロード」と名付けられた。途中には球団直営のチームショップ「アルプス」や「ファンショップ「ダグアウト」のほか、簡単なステージがしつらえられた円形広場も設けられ、バットのオブジェが甲子園らしさを物語っている。

さらに、球場のレフトスタンド後方には、球場と歩行者デッキでつながる商業施設「甲子園プラス」が、2022（令和4）年に完成した。ここのコンセプトは「野球、スポーツの振興」と「地域の憩い、子育て、学びの交流拠点」である。甲子園歴史館の入り口になっているほか、野球を体験できる施設、ファミリー向けの飲食店など11の店舗が入っている。

甲子園周辺は、このような「ボールパーク」化に向けて積極的に舵を切り始めている。球場から一歩外に出れば、けっして古いだけではない、近隣の住民に親しまれるエリアに変わろうとしているのだ。

甲子園エリアを歩いてみると……

◉球場の外周を彩るさまざまなモニュメント

2023(令和5)年12月某日、冬晴れの平日の昼前の時間に、阪神電鉄本線の甲子園駅に降り立った。駅前の広々とした空間の先に甲子園球場が見える。視界をさえぎっている阪神高速3号神戸線にはいささか興ざめだが、褐色(かっしょく)に色づけされた「タイガースロード」を200メートルほど歩き、高速道路をくぐれば、そこはもう甲子園球場の入り口だ。

冬だったので外壁を覆う蔦は枯れていたが、適度に古ぼけて見える薄褐色の外壁とアーチを描いた入場口、そして均等に配置された縦長(たてなが)の窓が「大正モダン」を感じさせ、それだけで100年の歴史が伝わってくる。

まずは、外周を歩いてみることに決め、一塁側方向に歩を進める。

外周路の壁に飾られていたのはタイガースの永久欠番プレートだった。「比類なき勲章　栄光の数字『永久欠番』」のタイトルの下に3選手が全身のレリーフ付きで紹介されている。

「10・藤村富美男（ふじむらふみお）／強虎の礎（いしずえ）となった『ミスタータイガース』」「11・村山実（むらやまみのる）／反骨精神で挑（いど）み続けた『炎のエース』」「23・吉田義男（よしだよしお）／ダイヤモンドを華麗に舞った『今牛若丸』」の3人だ。

なおも歩いていくと「ミズノ・スクエア」が現れる。ここには、2018（平成30）年まで甲子園駅前にあった「吠える虎の像」が置かれている。タイガース50周年を記念してアサヒビールから寄贈されたブロンズ像だ。「野球王ベーブルースの碑」「金本知憲（かねもとともあき）連続全イニング出場世界記録記念碑」もこのスクエアに置かれている。

先を急ぐ。右手に巨大な緑色の建物が見えてきた。ライトスタンド後方のこの場所には、かつて巨大なプール「甲子園水上競技場」が存在していた。その後テニスコートに変わったのだが、2004（平成16）年から総工費9億円をかけた室内練習場に姿を変えている。2007（平成19）年にはクラブハウスも建設され、2階が選手用のロッカールーム、3階が球団の事務所になっていて、一塁側スタンドと陸橋でつながっている。

スコアボードの下を通り過ぎ、レフトスタンド側に進むと、右手に高さ15メートルの石の塔が見えてくる。日本高等学校野球連盟、朝日新聞社、毎日新聞社の3団体によって建立（こんりゅう）された「野球塔」で、これが3代目。下の部分を20本の列柱が取り囲んでいて、その一部には歴代の優勝校の銘板が取り付けられている。甲子園球場は阪神タイガースの本拠地であると同時に、高校野球の「聖地」でもあるのだ。

◉阪神ファンも高校野球好きも満足する「甲子園歴史館」

さて、いよいよ「甲子園歴史館」に向かう。入り口は2022（令和4）年に完成した「甲子園プラス」の2階だ。エントランスの天井には2007年に甲子園球場のリニューアル工事が行なわれるまで球場の貴賓室にあったシャンデリアが、レトロとモダンが同居していた100年前の大正から昭和初期の雰囲気を伝えている。

この日は、歴史館とともに球場内をガイド付きで見学できる「スタジアムツアー」にも参加することにした。料金は両方込みで2000円（大人）である。

まずは歴史館を見学、「甲子園プラス」内から見て回る。真っ先に目に飛びこんできたのが「歓喜のビクトリー」と題された1985（昭和60）年、2003（平成15）年、2005（平成17）年、そして2023（令和5）年と、タイガース優勝時にフォーカスしたコーナーだ。当時の写真やペナントなどの記念グッズの数々が展示されており、タイガースファンが幸せに浸れる場所になっている。

「体験！　タッチスタジアム」では、選手が実際に使用した野球用具に触ったりもできる。館内には2023年の日本一を決めたシーンが映像と音声で絶え間なく流されていた。

ファンにとっては〝山盛りのご馳走〟のようなこれらのコーナーを後にして、歩行者デッキを渡って球場エリアへ進む。ここは外野席のちょうど真下に当たるスペースで、高校野球や甲子園球場の歴史を体感できるパネルや記念の展示品が所狭しと並べられている。
最初の展示品は、薄汚れた1個の硬式野球のボールだ。1915（大正4）年、大阪・豊中球場で行なわれた第1回全国中等学校優勝野球大会（現・全国高等学校野球選手権大会）の第1試合で使われた公式球である。

高校野球関連では、出場した主な学校のユニホームが展示されているほか、「伝説」として今日まで語り継がれている「名勝負」を再現したギャラリーもある。オールドファンはどうしても「あのとき」にタイムスリップして釘づけになってしまうはずだ。

「まんが甲子園」のコーナーでは、水島新司の『ドカベン』、あだち充の『タッチ』などの作品のなかで登場した主人公たちのユニホームが実物として再現されている。胸に「明訓」と入ったユニホームは一見の価値がありそうだ。

「プレイバック・シアター」「メモリアル・コレクション」などのコーナーを見ながら「バックスクリーン・ウォーク」を歩くと、そこには甲子園球場の歴史が簡潔な説明が添付された古い写真とともにコンパクトにまとめられている。

戦前の栄華を誇った巨大アミューズメントパークの時代から、戦争での荒廃、そして戦後の高度経済成長期の復活と、あらためて過去に思いをはせながらたどり着いた最終ポイントが「バックスクリーンビュー」だった。

そこは、スコアボードの真下のスペースがちょうど舞台のように開放されていて、甲子園球場のパノラマが眼前に広がっているのだった。

◉「スタジアムツアー」は選手目線の体験ができる

いよいよ、「スタジアムツアー」である。見学時間は約1時間。この日は外国人や子供も含め、男女50人ほどの人数がまとまった時点でスタートした。最初に案内されたのが、三塁側アルプススタンドの下にあるブルペン。かつての室内温水プールの跡は、天井を支える梁（はり）の緩いカーブと窓枠上部の曲線に残されている。ここではタイガースのヘルメット、ユニホーム、そしてバットが用意されていて、見学者は選手になり切って写真が撮れる配慮もされている。

さらに、かつて選手が使っていたロッカールーム、監督室、高校野球の試合終了後に監督や選手がメディアのインタビューを受ける、テレビでおなじみのあの広いスペースへと進み、最後に、試合を終えた高校球児たちがバッグを肩にして引きあげてくるグラウンドにつながる通路を下って、バックネット裏の観客席に上って行くようになっている。

このような「顧客サービスの充実」は、単なるビジネス的な宣伝以上に「甲子園球場」という〝文化財〟をハード、ソフトの両面から、わかってもらおう、親しんでもらおう、楽しんでもらおうという意図が感じられる。お世辞抜きで、阪神電鉄や西宮市のこのような姿勢に、敬意を表さざるを得なくなってしまった。

帰途、通称「甲子園筋」と呼ばれている県道340号を海に向かって歩いてみた。ここはかつて枝川が流れていた埋め立て地である。突きあたりの浜は遊歩道が整備され、ちょっとした「あずまや」もつくられていた。沖には阪神高速5号湾岸線の橋梁（きょうりょう）が視界をさえぎっていたが、穏やかな海と西に望める六甲の山並みは、ここがかつて白砂青松（はくしゃせいしょう）の海浜リゾートであったことを思い出させるのに十分だった。

甲子園駅に戻る。駅の真下、県道340号のガードを支える柱は、枝川時代の橋梁に使われた鉄骨である。その先に見える数本の松の木が植えられた小高い丘は、これも枝川の土手の名残（なごり）なのだろう。

「甲子園」は、なるほど「歴史」と「伝統」と「風格」を大切にしている。そして、一つひとつのものが現在につながり、未来に向けての道標（みちしるべ）になっていることもわかるような気がしてきた。何度もくり返すが「甲子園」は、単なる「野球場」ではないのである。

甲子園は時空を超越した特別な存在だ

◉『フィールド・オブ・ドリームス』は、なぜ泣けるのか？

1990（平成2）年に日本で公開されたハリウッド映画『フィールド・オブ・ドリームス』

をご存じだろうか。

野球、それもメジャーリーグを題材にしたヒューマン・ファンタジーで、1919年のワールドシリーズで発覚した、いわゆる「ブラックソックス事件」(9)で理不尽な永久追放処分にされたシューレス・ジョー(10)(ジョー・ジャクソン)をベースにしたW・P・キンセラの小説を、フィル・アデルソンが監督、主人公のレイをケビン・コスナーが演じている。

ざっとあらすじを紹介する。アイオワ州(11)の片田舎でトウモロコシ農場を営むレイはある日の夕方、畑で謎の〝声〟を聴く。「それをつくると、彼がやってくる」と。

レイは無謀にもトウモロコシ畑を潰して、自分で野球場をつくってしまう。レイは筆を折った作家(J・D・サリンジャーがモデル)を巻きこみ、さらなる〝声〟に従う。すると、トウモロコシ畑の球場には過去の選手たちが次々と姿を現し、試合を行なうようになるのだった。その後、レイの亡き父親とのエピソードや、たった1イニングのみしかMLBの試合に出られず、打席に立てないまま引退した老町医者のエピソードがこの「フィールド」で展開されていく。

この映画(小説)は、親子の関係に代表される、人間の栄光、挫折、恩讐(おんしゅう)、和解、共感、挑戦などのテーマが、野球という「触媒(しょくばい)」によって時空を超えてつながっていく物語のような気がする。

映画評論家の真似事はこのくらいで止めにしておくが、野球は、試合に勝った負けたで一喜(いっき)

一憂するのはもちろんけっこうだが、それ以上に人の心に深く突き刺さる人生の「大切なもの」が内在していることを示唆しているような気がするのだ。そして、その舞台が「フィールド」――つまり、球場なのである。

◉甲子園球場には「普遍性」が棲みついている

『フィールド・オブ・ドリームス』には後日譚がある。２０２１（令和３）年８月12日、映画の舞台になったアイオワ州のダイアーズビル野球場（ロケ地）でＭＬＢの公式戦が開催されたのだ。

題して「ＭＬＢアット・フィールド・オブ・ドリームス」。対戦カードはシューレス・ジョーが所属していたシカゴ・ホワイトソックス(12)対ニューヨーク・ヤンキース。両軍の選手は当時のユニホーム姿で、もちろんトウモロコシ畑からグラウンドに登場してきたのである。観客は超満員。試合は９対８でホワイトソックスが勝った。

(9)ブラックソックス事件…１９１９年の対シンシナティ・レッズとのワールドシリーズで、優勝を予想されていたシカゴ・ホワイトソックスの主力８選手が賄賂を受けとり、故意に負けたとされた八百長事件。全員が永久追放処分を受けた。

(10)シューレス・ジョー…１８８７〜１９５１。アメリカ・サウスカロライナ州出身。外野手。１９２０年に打率３割８分２厘、２１８安打をマーク。ニックネームの由来はマイナー時代スパイクが足に合わず、靴下でプレーしたことがあったから。

(11)アイオワ州…アメリカ中西部の州。起伏のある平原とトウモロコシ畑で有名。州都は人口21万４０００人のデイモン。名前の由来は先住民の部族名。

さらに、翌２０２２（令和４）年８月11日には、同じ球場でシカゴ・カブス対シンシナティ・レッズ[13]の試合も開催され、そこには日本の鈴木誠也の姿もあった。トウモロコシ畑に設けられた球場（フィールド）は、時空を超えたばかりか、現実とフィクションの壁まで突き破ってしまったのである。

甲子園球場が開場１００年目を迎えるのは２０２４（令和６）年８月１日である。さまざまな企画が用意されていると思われるが、野球好きの１人としては、甲子園球場の時空を超えた「普遍性」をぜひアピールしてもらいたいと勝手に考えている。

たとえば……。

夏の夕方の観客席。これから始まる試合を１塁側内野スタンドで見ている祖父と孫。

孫「じいちゃん、今日先発する新人の下村（海翔）は１５５キロの球を放るんやて。楽しみやな」

祖父「そうか。じいちゃんの若いころにはな、村山（実）いうピッチャーがおってな、えらいえげつないフォークボールを放りよったで」

孫「青柳（晃洋）のスライダーも、よう曲がるで」

孫と祖父の会話が弾んでいるなか、ダグアウトと外野のフェンスのあいだから、ばらばらのユニホームを着た選手らしき人たちが、次々にグラウンドに登場してくる。

ひときわ長いバットをぶら下げているのは、背番号10の藤村冨美男だ。47番を付けているのは小山正明。高校野球のヒーローも登場してきた。白い帽子にMのマークが入っている背番号1は太田幸司だ。「PL/GAKUEN」のユニホームは桑田真澄と清原和博。クリーム色のユニホームをまとっているのは星稜の松井秀喜。掛布雅之もいる、ランディ・バースも、爪楊枝をくわえているのはウィリー・カークランド⒁に違いない……。

甲子園球場は、現役のタイガース選手から地方大会の1回戦で姿を消した高校球児まで、そして彼らを温かく見守っている野球ファンにとって、まさに数々の「夢（ドリームス）」を提供してくれる、かけがえのない「フィールド」なのである。

⑿シカゴ・ホワイトソックス…MLBアメリカン・リーグ中地区所属。ワールドシリーズ優勝3回。シカゴ市では南部での人気が高い。本拠地球場はギャランティード・レート・フィールド。日本人選手では過去に高津臣吾、井口資仁、福留孝介が所属。

⒀シンシナティ・レッズ…MLBナショナル・リーグ中地区所属。ワールドシリーズ優勝5回。19世紀から存在する古参球団。1970年代、ジョニー・ベンチらが活躍。「ビッグ・レッド・マシン」の名で旋風を巻き起こした。過去に秋山翔吾が所属。

⒁ウィリー・カークランド…1934〜。アメリカ・アラバマ州出身。外野手。1968（昭和43）年から6シーズン阪神に在籍。爪楊枝をくわえる姿がトレードマークだった。阪神時代の打率は2割4分6厘、本塁打126本。

◉参考文献

『阪神甲子園球場90年史』(ベースボール・マガジン社)
『甲子園球場物語』玉置通夫(文春新書)
『阪神園芸 甲子園の神整備』金沢健児(毎日新聞出版)
『プロ野球「経営」全史』中川右介(日本実業出版社)
『球場物語』(ベースボール・マガジン社)
『昭和プロ野球「球場」大全』洋泉社編集部[編](洋泉社)
『高校野球「事件史」』(ベースボール・マガジン社)
『日本の野球場100選巡礼』久保田登志雄(彩流社)
『プロ野球と鉄道』田中正恭(交通新聞社新書)
『すごいぞ! 私鉄王国・関西』黒田一樹(140B)
『日本の私鉄・阪急電鉄』広岡友紀(毎日新聞社)
『日本の私鉄・阪神電気鉄道』広岡友紀(毎日新聞社)
『鉄道の地理学』青木栄一(WAVE出版)
『私鉄探検』近藤正高(ソフトバンク新書)
『戦時下の大衆文化』劉建輝・石川肇[編](KADOKAWA)
『戦前の生活』武田知弘(ちくま文庫)
『百年分を一時間で』山本夏彦(文春新書)
『朝日新聞 特集「甲子園球場100年」』2024年1月1日
『日刊スポーツプレミアム』2015年6月10日
『阪神甲子園球場100周年記念講座』丸山健夫

甲子園球場100年史

2024年３月20日　初版印刷
2024年３月30日　初版発行

著者◉工藤隆一

企画・編集◉株式会社夢の設計社
〒162-0041　東京都新宿区早稲田鶴巻町543
電話（03）3267-7851（編集）

発行者◉小野寺優

発行所◉株式会社河出書房新社
〒151-0051　東京都渋谷区千駄ヶ谷2-32-2
電話（03）3404-1201（営業）
https://www.kawade.co.jp/

DTP◉イールプランニング

印刷・製本◉中央精版印刷株式会社

Printed in Japan　ISBN978-4-309-50450-6